ARMÊNIO

VOCABULÁRIO

PORTUGUÊS BRASILEIRO

PORTUGUÊS ARMÊNIO

Para alargar o seu léxico e apurar as suas competências linguísticas

7000 palavras

Vocabulário Português Brasileiro-Armênio - 7000 palavras

Por Andrey Taranov

Os vocabulários da T&P Books destinam-se a ajudar a aprender, a memorizar, e a rever palavras estrangeiras. O dicionário é dividido em temas, cobrindo todas as principais esferas de atividades quotidianas, negócios, ciência, cultura, etc.

O processo de aprendizagem, utilizando os dicionários baseados em temáticas da T&P Books dá-lhe as seguintes vantagens:

- Informação de origem corretamente agrupada predetermina o sucesso em fases subsequentes da memorização de palavras
- Disponibilização de palavras derivadas da mesma raiz, o que permite a memorização de unidades de texto (em vez de palavras separadas)
- Pequenas unidades de palavras facilitam o processo de estabelecimento de vínculos associativos necessários para a consolidação do vocabulário
- O nível de conhecimento da língua pode ser estimado pelo número de palavras aprendidas

T&P Books Publishing
www.tpbooks.com

ISBN: 978-1-78767-316-8

Este livro também está disponível em formato E-book.
Por favor visite www.tpbooks.com ou as principais livrarias on-line.

VOCABULÁRIO ARMÊNIO
palavras mais úteis

Os vocabulários da T&P Books destinam-se a ajudar a aprender, a memorizar, e a rever palavras estrangeiras. O vocabulário contém mais de 7000 palavras de uso comum organizadas tematicamente.

O vocabulário contém as palavras mais comummente usadas
Recomendado como adicional para qualquer curso de línguas
Satisfaz as necessidades dos iniciados e dos alunos avançados de línguas estrangeiras
Conveniente para o uso diário, sessões de revisão e atividades de auto-teste
Permite avaliar o seu vocabulário

Características especias do vocabulário

- As palavras estão organizadas de acordo com o seu significado, e não por ordem alfabética
- As palavras são apresentadas em três colunas para facilitar os processos de revisão e auto-teste
- As palavras compostas são divididas em pequenos blocos para facilitar o processo de aprendizagem
- O vocabulário oferece uma transcrição simples e adequada de cada palavra estrangeira

O vocabulário contém 198 tópicos incluindo:

Conceitos básicos, Números, Cores, Meses, Estações do ano, Unidades de medida, Roupas & Acessórios, Alimentos & Nutrição, Restaurante, Membros da Família, Parentes, Caráter, Sentimentos, Emoções, Doenças, Cidade, Passeios, Compras, Dinheiro, Casa, Lar, Escritório, Trabalho no Escritório, Importação & Exportação, Marketing, Pesquisa de Emprego, Esportes, Educação, Computador, Internet, Ferramentas, Natureza, Países, Nacionalidades e muito mais ...

TABELA DE CONTEÚDOS

GUIA DE PRONUNCIAÇÃO

Alfabeto fonético T&P	Exemplo Armênio	Exemplo Português
[a]	ճանաչել [čanačél]	chamar
[ə]	փսփսալ [p^{h}əsp^{h}əsál]	milagre
[e]	հեկտար [hektár]	metal
[ē]	էկրան [ēkrán]	mesquita
[i]	ֆիզիկոս [fizikós]	sinônimo
[o]	շոկոլադ [šokolád]	lobo
[u]	հույնուհի [hujnuhí]	bonita
[b]	բամբակ [bambák]	barril
[d]	դադար [dadár]	dentista
[f]	ֆաբրիկա [fábrika]	safári
[g]	գանգ [gang]	gosto
[j]	դյույմ [djujm]	Vietnã
[h]	հայուհի [hajuhí]	[h] aspirada
[χ]	խախտել [χaχtél]	fricativa uvular surda
[k]	կոճակ [kočák]	aquilo
[l]	փլվել [p^{h}lvel]	libra
[m]	մտածել [mtaʦél]	magnólia
[t]	տաքսի [taksí]	tulipa
[n]	նրանք [nrank^h]	natureza
[r]	լար [lar]	riscar
[p]	պոմպ [pomp]	presente
[ġ]	տղամարդ [tġamárd]	[r] vibrante
[s]	սոուս [soús]	sanita
[ʦ]	ծանոթ [ʦanót^h]	tsé-tsé
[v]	ոստիկան [vostikán]	fava
[z]	զանգ [zang]	sésamo
[k^h]	երեք [erék^h]	[k] aspirada
[p^h]	փրկել [p^{h}rkel]	[p] aspirada
[t^h]	թատրոն [t^{h}atrón]	[t] aspirada
[ʦ^h]	ակնոց [aknóʦ^h]	[ts] aspirado
[ʒ]	ժամանակ [ʒamanák]	talvez
[ʣ]	օձիք [oʣík^h]	pizza
[ʤ]	հաջող [haʤóġ]	adjetivo
[č]	վիճել [vičél]	Tchau!
[š]	շահույթ [šahújt^h]	mês
[']	բաժակ [baʒák]	acento principal

ABREVIATURAS
usadas no vocabulário

Abreviaturas do Português

adj	-	adjetivo
adv	-	advérbio
anim.	-	animado
conj.	-	conjunção
desp.	-	esporte
etc.	-	Etcetera
ex.	-	por exemplo
f	-	nome feminino
f pl	-	feminino plural
fem.	-	feminino
inanim.	-	inanimado
m	-	nome masculino
m pl	-	masculino plural
m, f	-	masculino, feminino
masc.	-	masculino
mat.	-	matemática
mil.	-	militar
pl	-	plural
prep.	-	preposição
pron.	-	pronome
sb.	-	sobre
sing.	-	singular
v aux	-	verbo auxiliar
vi	-	verbo intransitivo
vi, vt	-	verbo intransitivo, transitivo
vr	-	verbo reflexivo
vt	-	verbo transitivo

Pontuação do Armênio

՛	-	Ponto de exclamação
՞	-	Ponto de interrogação
,	-	Vírgula

CONCEITOS BÁSICOS

Conceitos básicos. Parte 1

1. Pronomes

eu	ես	[es]
você	դու	[du]
ele, ela	նա	[na]
nós	մենք	[menkʰ]
vocês	դուք	[dukʰ]
eles, elas	նրանք	[nrankʰ]

2. Cumprimentos. Saudações. Despedidas

Oi!	Բարև՛	[barév]
Olá!	Բարև՛ ձեզ	[barév dzéz!]
Bom dia!	Բարի լու՛յս	[barí lújs!]
Boa tarde!	Բարի օ՛ր	[barí ór!]
Boa noite!	Բարի երեկո՛	[barí jerekó!]
cumprimentar (vt)	բարևել	[barevél]
Oi!	Ողջու՛յն	[voġdʒújn!]
saudação (f)	ողջույն	[voġdʒújn]
saudar (vt)	ողջունել	[voġdʒunél]
Tudo bem?	Ո՞նց են գործերդ	[vontsʰ en gortsérd?]
E aí, novidades?	Ի՞նչ նորություն	[inč norutʰjún?]
Tchau! Até logo!	Ցտեսությու՛ն	[tsʰtesutʰjún!]
Até breve!	Մինչ նոր հանդիպու՛մ	[mínč nór handipúm!]
Adeus! (sing.)	Մնաս բարո՛վ	[mnas baróv!]
Adeus! (pl)	Մնաք բարո՛վ	[mnakʰ baróv!]
despedir-se (dizer adeus)	հրաժեշտ տալ	[hraʒéšt tál]
Até mais!	Առա՛յժմ	[arájʒm!]
Obrigado! -a!	Շնորհակալությու՛ն	[šnorhakalutʰjún!]
Muito obrigado! -a!	Շատ շնորհակա՛լ եմ	[šat šnorhakál em!]
De nada	Խնդրեմ	[χndrem]
Não tem de quê	Հոգ չէ	[hog čē]
Não foi nada!	չարժե	[čarʒé]
Desculpa!	Ներողությու՛ն	[neroġutʰjún!]
Desculpe!	Ներեցե՛ք	[neretsʰékʰ!]
desculpar (vt)	ներել	[nerél]
desculpar-se (vr)	ներողություն խնդրել	[neroġutʰjún χndrél]
Me desculpe	Ներեցեք	[neretsʰékʰ]

Desculpe!	Ներեցե՛ք	[neretsʰékʰ!]
perdoar (vt)	ներել	[nerél]
por favor	խնդրում եմ	[χndrúm em]
Não se esqueça!	Չմոռանա՛ք	[čmoranákʰ!]
Com certeza!	Իհա՛րկե	[ihárke!]
Claro que não!	Իհարկե ո՛չ	[ihárke voč!]
Está bem! De acordo!	Համաձա՛յն եմ	[hamadzájn em!]
Chega!	Բավակա՛ն է	[bavakán ē!]

3. Números cardinais. Parte 1

zero	զրո	[zro]
um	մեկ	[mek]
dois	երկու	[erkú]
três	երեք	[erékʰ]
quatro	չորս	[čors]
cinco	հինգ	[hing]
seis	վեց	[vetsʰ]
sete	յոթ	[jotʰ]
oito	ութ	[utʰ]
nove	ինը	[ínə]
dez	տաս	[tas]
onze	տասնմեկ	[tasnmék]
doze	տասներկու	[tasnerkú]
treze	տասներեք	[tasnerékʰ]
catorze	տասնչորս	[tasnčórs]
quinze	տասնհինգ	[tasnhíng]
dezesseis	տասնվեց	[tasnvétsʰ]
dezessete	տասնյոթ	[tasnjótʰ]
dezoito	տասնութ	[tasnútʰ]
dezenove	տասնինը	[tasnínə]
vinte	քսան	[kʰsan]
vinte e um	քսանմեկ	[kʰsanmék]
vinte e dois	քսաներկու	[kʰsanerkú]
vinte e três	քսաներեք	[ksanerékʰ]
trinta	երեսուն	[eresún]
trinta e um	երեսունմեկ	[eresunmék]
trinta e dois	երեսուներկու	[eresunerkú]
trinta e três	երեսուներեք	[eresunerékʰ]
quarenta	քառասուն	[kʰarasún]
quarenta e um	քառասունմեկ	[kʰarasunmék]
quarenta e dois	քառասուներկու	[kʰarasunerkú]
quarenta e três	քառասուներեք	[karasunerékʰ]
cinquenta	հիսուն	[hisún]
cinquenta e um	հիսունմեկ	[hisunmék]
cinquenta e dois	հիսուներկու	[hisunerkú]

cinquenta e três	հիսուներեք	[hisunerék^h]
sessenta	վաթսուն	[vat^{h}sún]
sessenta e um	վաթսունմեկ	[vat^{h}sunmék]
sessenta e dois	վաթսուներկու	[vat^{h}sunerkú]
sessenta e três	վաթսուներեք	[vat^{h}sunerék^h]
setenta	յոթանասուն	[jot^{h}anasún]
setenta e um	յոթանասունմեկ	[jot^{h}anasunmék]
setenta e dois	յոթանասուներկու	[jot^{h}anasunerkú]
setenta e três	յոթանասուներեք	[jot^{h}anasunerék^h]
oitenta	ութսուն	[ut^{h}sún]
oitenta e um	ութսունմեկ	[ut^{h}sunmék]
oitenta e dois	ութսուներկու	[ut^{h}sunerkú]
oitenta e três	ութսուներեք	[ut^{h}sunerék^h]
noventa	իննսուն	[innsún]
noventa e um	իննսունմեկ	[innsunmék]
noventa e dois	իննսուներկու	[innsunerkú]
noventa e três	իննսուներեք	[innsunerék^h]

4. Números cardinais. Parte 2

cem	հարյուր	[harjúr]
duzentos	երկու հարյուր	[erkú harjúr]
trezentos	երեք հարյուր	[erék^h harjúr]
quatrocentos	չորս հարյուր	[čórs harjúr]
quinhentos	հինգ հարյուր	[hing harjúr]
seiscentos	վեց հարյուր	[vets^h harjúr]
setecentos	յոթ հարյուր	[jot^h harjúr]
oitocentos	ութ հարյուր	[ut^h harjúr]
novecentos	ինը հարյուր	[ínə harjúr]
mil	հազար	[hazár]
dois mil	երկու հազար	[erkú hazár]
três mil	երեք հազար	[erék^h hazár]
dez mil	տաս հազար	[tas hazár]
cem mil	հարյուր հազար	[harjúr hazár]
um milhão	միլիոն	[milión]
um bilhão	միլիարդ	[miliárd]

5. Números. Frações

fração (f)	կոտորակ	[kotorák]
um meio	մեկ երկրորդ	[mek erkrórd]
um terço	մեկ երրորդ	[mek errórd]
um quarto	մեկ չորրորդ	[mek čorrórd]
um oitavo	մեկ ութերորդ	[mek út^{h}erord]
um décimo	մեկ տասներորդ	[mek tásnerord]
dois terços	երկու երրորդ	[erkú errórd]
três quartos	երեք չորրորդ	[erék^h čorrórd]

6. Números. Operações básicas

subtração (f)	հանում	[hanúm]
subtrair (vi, vt)	հանել	[hanél]
divisão (f)	բաժանում	[baʒanúm]
dividir (vt)	բաժանել	[baʒanél]
adição (f)	գումարում	[gumarúm]
somar (vt)	գումարել	[gumarél]
adicionar (vt)	գումարել	[gumarél]
multiplicação (f)	բազմապատկում	[bazmapatkúm]
multiplicar (vt)	բազմապատկել	[bazmapatkél]

7. Números. Diversos

algarismo, dígito (m)	թիվ	[tʰiv]
número (m)	թիվ	[tʰiv]
numeral (m)	համարիչ	[hamaríč]
menos (m)	մինուս	[mínus]
mais (m)	պլյուս	[pljus]
fórmula (f)	բանաձև	[banadzév]
cálculo (m)	հաշվարկ	[hašvárk]
contar (vt)	հաշվել	[hašvél]
calcular (vt)	հաշվարկ անել	[hašvárk anél]
comparar (vt)	համեմատել	[hamematél]
Quanto, -os, -as?	քանի՞	[kʰaní?]
soma (f)	գումար	[gumár]
resultado (m)	արդյունք	[ardjúnkʰ]
resto (m)	մնացորդ	[mnatsʰórd]
alguns, algumas ...	մի քանի	[mi kʰaní]
poucos, poucas	մի փոքր ...	[mi pʰokʰr ...]
um pouco de ...	մի քիչ ...	[mi kʰič ...]
resto (m)	մնացածը	[mnatsʰátsə]
um e meio	մեկ ու կես	[mek u kes]
dúzia (f)	դյուժին	[djuʒín]
ao meio	կես	[kes]
em partes iguais	հավասար	[havasár]
metade (f)	կես	[kes]
vez (f)	անգամ	[angám]

8. Os verbos mais importantes. Parte 1

abrir (vt)	բացել	[batsʰél]
acabar, terminar (vt)	ավարտել	[avartél]
aconselhar (vt)	խորհուրդ տալ	[χorhúrd tal]
adivinhar (vt)	գուշակել	[gušakél]
advertir (vt)	զգուշացնել	[zgušatsʰnél]

ajudar (vt)	օգնել	[ognél]
almoçar (vi)	ճաշել	[čašél]
alugar (~ um apartamento)	վարձել	[varʣél]
amar (pessoa)	սիրել	[sirél]
ameaçar (vt)	սպառնալ	[sparnál]
anotar (escrever)	գրառել	[grarél]
apressar-se (vr)	շտապել	[štapél]
arrepender-se (vr)	ափսոսալ	[apʰsosál]
assinar (vt)	ստորագրել	[storagrél]
brincar (vi)	կատակել	[katakél]
brincar, jogar (vi, vt)	խաղալ	[χaġál]
buscar (vt)	փնտրել	[pʰntrel]
caçar (vi)	որս անել	[vors anél]
cair (vi)	ընկնել	[ənknél]
cavar (vt)	փորել	[pʰorél]
chamar (~ por socorro)	կանչել	[kančél]
chegar (vi)	ժամանել	[ʒamanél]
chorar (vi)	լացել	[laʦʰél]
começar (vt)	սկսել	[sksel]
comparar (vt)	համեմատել	[hamematél]
concordar (dizer "sim")	համաձայնվել	[hamaʣajnvél]
confiar (vt)	վստահել	[vstahél]
confundir (equivocar-se)	շփոթել	[špʰotʰél]
conhecer (vt)	ճանաչել	[čanačél]
contar (fazer contas)	հաշվել	[hašvél]
contar com …	հույս դնել … վրա	[hujs dnel … vra]
continuar (vt)	շարունակել	[šarunakél]
controlar (vt)	վերահսկել	[verahskél]
convidar (vt)	հրավիրել	[hravirél]
correr (vi)	վազել	[vazél]
criar (vt)	ստեղծել	[steġʦél]
custar (vt)	արժենալ	[arʒenál]

9. Os verbos mais importantes. Parte 2

dar (vt)	տալ	[tal]
dar uma dica	ակնարկել	[aknarkél]
decorar (enfeitar)	զարդարել	[zardarél]
defender (vt)	պաշտպանել	[paštpanél]
deixar cair (vt)	վայր գցել	[vájr gʦʰel]
descer (para baixo)	իջնել	[iʤnél]
desculpar-se (vr)	ներողություն խնդրել	[neroġutʰjún χndrél]
dirigir (~ uma empresa)	ղեկավարել	[ġekavarél]
discutir (notícias, etc.)	քննարկել	[kʰnnarkél]
disparar, atirar (vi)	կրակել	[krakél]
dizer (vt)	ասել	[asél]
duvidar (vt)	կասկածել	[kaskaʦél]

encontrar (achar)	գտնել	[gtnel]
enganar (vt)	խաբել	[χabél]
entender (vt)	հասկանալ	[haskanál]
entrar (na sala, etc.)	մտնել	[mtnel]
enviar (uma carta)	ուղարկել	[uġarkél]
errar (enganar-se)	սխալվել	[sχalvél]
escolher (vt)	ընտրել	[əntrél]
esconder (vt)	թաքցնել	[tʰakʰtsʰnél]
escrever (vt)	գրել	[grel]
esperar (aguardar)	սպասել	[spasél]
esperar (ter esperança)	հուսալ	[husál]
esquecer (vt)	մոռանալ	[moranál]
estudar (vt)	ուսումնասիրել	[usumnasirél]
exigir (vt)	պահանջել	[pahandʒél]
existir (vi)	գոյություն ունենալ	[gojutʰjún unenál]
explicar (vt)	բացատրել	[batsʰatrél]
falar (vi)	խոսել	[χosél]
faltar (a la escuela, etc.)	բաց թողնել	[batsʰ tʰoġnél]
fazer (vt)	անել	[anél]
ficar em silêncio	լռել	[lrel]
gabar-se (vr)	պարծենալ	[partsenál]
gostar (apreciar)	դուր գալ	[dur gal]
gritar (vi)	բղավել	[bġavél]
guardar (fotos, etc.)	պահպանել	[pahpanél]
informar (vt)	տեղեկացնել	[teġekatsʰnél]
insistir (vi)	պնդել	[pndel]
insultar (vt)	վիրավորել	[viravorél]
interessar-se (vr)	հետաքրքրվել	[hetakʰrkʰrvél]
ir (a pé)	գնալ	[gnal]
ir nadar	լողալ	[loġál]
jantar (vi)	ընթրել	[əntʰrél]

10. Os verbos mais importantes. Parte 3

ler (vt)	կարդալ	[kardál]
libertar, liberar (vt)	ազատագրել	[azatagrél]
matar (vt)	սպանել	[spanél]
mencionar (vt)	հիշատակել	[hišatakél]
mostrar (vt)	ցույց տալ	[tsʰújtsʰ tal]
mudar (modificar)	փոխել	[pʰoχél]
nadar (vi)	լողալ	[loġál]
negar-se a ... (vr)	հրաժարվել	[hraʒarvél]
objetar (vt)	հակաճառել	[hakačarél]
observar (vt)	հետևել	[hetevél]
ordenar (mil.)	հրամայել	[hramajél]
ouvir (vt)	լսել	[lsel]

pagar (vt)	վճարել	[včarél]
parar (vi)	կանգ առնել	[káng arnél]
parar, cessar (vt)	դադարեցնել	[dadaretsʰnél]
participar (vi)	մասնակցել	[masnaktsʰél]
pedir (comida, etc.)	պատվիրել	[patvirél]
pedir (um favor, etc.)	խնդրել	[χndrel]
pegar (tomar)	վերցնել	[vertsʰnél]
pegar (uma bola)	բռնել	[brnel]
pensar (vi, vt)	մտածել	[mtatsél]
perceber (ver)	նկատել	[nkatél]
perdoar (vt)	ներել	[nerél]
perguntar (vt)	հարցնել	[hartsʰnél]
permitir (vt)	թույլատրել	[tʰujlatrél]
pertencer a … (vi)	պատկանել	[patkanél]
planejar (vt)	պլանավորել	[planavorél]
poder (~ fazer algo)	կարողանալ	[karoġanál]
possuir (uma casa, etc.)	ունենալ	[unenál]
preferir (vt)	նախընտրել	[naχəntrél]
preparar (vt)	պատրաստել	[patrastél]
prever (vt)	կանխատեսել	[kanχatesél]
prometer (vt)	խոստանալ	[χostanál]
pronunciar (vt)	արտասանել	[artasanél]
propor (vt)	առաջարկել	[aradʒarkél]
punir (castigar)	պատժել	[patʒél]
quebrar (vt)	կոտրել	[kotrél]
queixar-se de …	գանգատվել	[gangatvél]
querer (desejar)	ուզենալ	[uzenál]

11. Os verbos mais importantes. Parte 4

ralhar, repreender (vt)	կշտամբել	[kštambél]
recomendar (vt)	երաշխավորել	[erašχavorél]
repetir (dizer outra vez)	կրկնել	[krknel]
reservar (~ um quarto)	ամրագրել	[amragrél]
responder (vt)	պատասխանել	[patasχanél]
rezar, orar (vi)	աղոթել	[aġotʰél]
rir (vi)	ծիծաղել	[tsitsaġél]
roubar (vt)	գողանալ	[goġanál]
saber (vt)	իմանալ	[imanál]
sair (~ de casa)	դուրս գալ	[durs gal]
salvar (resgatar)	փրկել	[pʰrkel]
seguir (~ alguém)	գնալ … հետևից	[gnal … hetevítsʰ]
sentar-se (vr)	նստել	[nstel]
ser necessário	պետք լինել	[pétkʰ linél]
ser, estar	լինել	[linél]
significar (vt)	նշանակել	[nšanakél]

sorrir (vi)	ժպտալ	[ʒptal]
subestimar (vt)	թերագնահատել	[tʰeragnahatél]
surpreender-se (vr)	զարմանալ	[zarmanál]
tentar (~ fazer)	փորձել	[pʰordzél]
ter (vt)	ունենալ	[unenál]
ter fome	ուզենալ ուտել	[uzenál utél]
ter medo	վախենալ	[vaχenál]
ter sede	ուզենալ խմել	[uzenál χmel]
tocar (com as mãos)	ձեռք տալ	[dzérkʰ tal]
tomar café da manhã	նախաճաշել	[naχačašél]
trabalhar (vi)	աշխատել	[ašχatél]
traduzir (vt)	թարգմանել	[tʰargmanél]
unir (vt)	միավորել	[miavorél]
vender (vt)	վաճառել	[vačarél]
ver (vt)	տեսնել	[tesnél]
virar (~ para a direita)	թեքվել	[tʰekʰvél]
voar (vi)	թռչել	[tʰrčel]

12. Cores

cor (f)	գույն	[gujn]
tom (m)	երանգ	[eráng]
tonalidade (m)	գուներանգ	[guneráng]
arco-íris (m)	ծիածան	[tsiatsán]
branco (adj)	սպիտակ	[spiták]
preto (adj)	սև	[sev]
cinza (adj)	մոխրագույն	[moχragújn]
verde (adj)	կանաչ	[kanáč]
amarelo (adj)	դեղին	[deġín]
vermelho (adj)	կարմիր	[karmír]
azul (adj)	կապույտ	[kapújt]
azul claro (adj)	երկնագույն	[erknagújn]
rosa (adj)	վարդագույն	[vardagújn]
laranja (adj)	նարնջագույն	[narndʒagújn]
violeta (adj)	մանուշակագույն	[manušakagújn]
marrom (adj)	շագանակագույն	[šaganakagújn]
dourado (adj)	ոսկե	[voské]
prateado (adj)	արծաթագույն	[artsatʰagújn]
bege (adj)	բեժ	[beʒ]
creme (adj)	կրեմագույն	[kremagújn]
turquesa (adj)	փիրուզագույն	[pʰiruzagújn]
vermelho cereja (adj)	բալագույն	[balagújn]
lilás (adj)	բաց մանուշակագույն	[batsʰ manušakagújn]
carmim (adj)	մորեգույն	[moregújn]
claro (adj)	բաց	[batsʰ]
escuro (adj)	մուգ	[mug]

vivo (adj)	վառ	[var]
de cor	գունավոր	[gunavór]
a cores	գունավոր	[gunavór]
preto e branco (adj)	սև ու սպիտակ	[sev u spiták]
unicolor (de uma só cor)	միագույն	[miagújn]
multicolor (adj)	գույնզգույն	[gujnzgújn]

13. Questões

Quem?	Ո՞վ	[ov?]
O que?	Ի՞նչ	[inč?]
Onde?	Որտե՞ղ	[vortéġ?]
Para onde?	Ո՞ւր	[ur?]
De onde?	Որտեղի՞ց	[vorteġítsʰ?]
Quando?	Ե՞րբ	[erb?]
Para quê?	Ինչո՞ւ	[inčú?]
Por quê?	Ինչո՞ւ	[inčú?]
Para quê?	Ինչի՞ համար	[inčí hamár?]
Como?	Ինչպե՞ս	[inčpés?]
Qual (~ é o problema?)	Ինչպիսի՞	[inčpisí?]
Qual (~ deles?)	Ո՞րը	[voré?]
A quem?	Ո՞ւմ	[um?]
De quem?	Ո՞ւմ մասին	[úm masín?]
Do quê?	Ինչի՞ մասին	[inčí masín?]
Com quem?	Ո՞ւմ հետ	[úm het?]
Quanto, -os, -as?	Քանի՞	[kʰaní?]
De quem? (masc.)	Ո՞ւմ	[um?]

14. Palavras funcionais. Advérbios. Parte 1

Onde?	Որտե՞ղ	[vortéġ?]
aqui	այստեղ	[ajstéġ]
lá, ali	այնտեղ	[ajntéġ]
em algum lugar	որևէ տեղ	[vorevē teġ]
em lugar nenhum	ոչ մի տեղ	[voč mi teġ]
perto de …	… մոտ	[… mot]
perto da janela	պատուհանի մոտ	[patuhaní mót]
Para onde?	Ո՞ւր	[ur?]
aqui	այստեղ	[ajstéġ]
para lá	այնտեղ	[ajntéġ]
daqui	այստեղից	[ajsteġítsʰ]
de lá, dali	այնտեղից	[ajnteġítsʰ]
perto	մոտ	[mot]
longe	հեռու	[herú]
perto de …	մոտ	[mot]

à mão, perto   մոտակայքում   [motakajk^{h}úm]
não fica longe   մոտիկ   [motík]

esquerdo (adj)   ձախ   [ʣaχ]
à esquerda   ձախ կողմից   [ʣaχ koġmíʦ^{h}]
para a esquerda   դեպի ձախ   [depí ʣaχ]

direito (adj)   աջ   [aʤ]
à direita   աջ կողմից   [aʤ koġmíʦ^{h}]
para a direita   դեպի աջ   [depí aʤ]

em frente   առջևից   [arʤevíʦ^{h}]
da frente   առջևի   [arʤeví]
adiante (para a frente)   առաջ   [aráʤ]

atrás de ...   հետևում   [hetevúm]
de trás   հետևից   [hetevíʦ^{h}]
para trás   հետ   [het]

meio (m), metade (f)   մեջտեղ   [meʤtéġ]
no meio   մեջտեղում   [meʤteġúm]

do lado   կողքից   [koġk^{h}íʦ^{h}]
em todo lugar   ամենուր   [amenúr]
por todos os lados   շուրջը   [šúrʤə]

de dentro   միջից   [miʤíʦ^{h}]
para algum lugar   որևէ տեղ   [vorevē teġ]
diretamente   ուղիղ   [uġíġ]
de volta   ետ   [et]

de algum lugar   որևէ տեղից   [vorevē teġíʦ^{h}]
de algum lugar   ինչ-որ տեղից   [inč vor teġíʦ^{h}]

em primeiro lugar   առաջինը   [araʤínə]
em segundo lugar   երկրորդը   [erkrórdə]
em terceiro lugar   երրորդը   [errórdə]

de repente   հանկարծակի   [hankarʦáki]
no início   սկզբում   [skzbum]
pela primeira vez   առաջին անգամ   [araʤín angám]
muito antes de ...   ... շատ առաջ   [... šat aráʤ]
de novo   կրկին   [krkin]
para sempre   ընդմիշտ   [əndmíšt]

nunca   երբեք   [erbék^{h}]
de novo   նորից   [noríʦ^{h}]
agora   այժմ   [ajʒm]
frequentemente   հաճախ   [hačáχ]
então   այն ժամանակ   [ajn ʒamanák]
urgentemente   շտապ   [štap]
normalmente   սովորաբար   [sovorabár]

a propósito, ...   ի դեպ, ...   [i dep ...]
é possível   հնարավոր է   [hnaravór ē]
provavelmente   հավանաբար   [havanabár]

talvez	միգուցե	[migutsʰé]
além disso, ...	բացի այդ, ...	[batsʰí ájd ...]
por isso ...	այդ պատճառով	[ajd patčaróv]
apesar de ...	չնայած ...	[čnajáts ...]
graças a ...	շնորհիվ ...	[šnorhív ...]
que (pron.)	ինչ	[inč]
que (conj.)	որ	[vor]
algo	ինչ-որ բան	[inč vor bán]
alguma coisa	որևէ բան	[vórevē ban]
nada	ոչ մի բան	[voč mi ban]
quem	ով	[ov]
alguém (~ que ...)	ինչ-որ մեկը	[inč vor mékə]
alguém (com ~)	որևէ մեկը	[vórevē mékə]
ninguém	ոչ մեկ	[voč mek]
para lugar nenhum	ոչ մի տեղ	[voč mi teġ]
de ninguém	ոչ մեկինը	[voč mekínə]
de alguém	որևէ մեկինը	[vórevē mekínə]
tão	այնպես	[ajnpés]
também (gostaria ~ de ...)	նմանապես	[nmanapés]
também (~ eu)	նույնպես	[nújnpes]

15. Palavras funcionais. Advérbios. Parte 2

Por quê?	Ինչո՞ւ	[inčú?]
por alguma razão	չգիտես ինչու	[čgités inčú]
porque ...	որովհետև, ...	[vorovhetév ...]
por qualquer razão	ինչ-որ նպատակով	[inč vor npatakóv]
e (tu ~ eu)	և	[ev]
ou (ser ~ não ser)	կամ	[kam]
mas (porém)	բայց	[bajtsʰ]
para (~ a minha mãe)	համար	[hamár]
muito, demais	չափազանց	[čapʰazántsʰ]
só, somente	միայն	[miájn]
exatamente	ճիշտ	[čišt]
cerca de (~ 10 kg)	մոտ	[mot]
aproximadamente	մոտավորապես	[motavorapés]
aproximado (adj)	մոտավոր	[motavór]
quase	գրեթե	[grétʰe]
resto (m)	մնացածը	[mnatsʰátsə]
cada (adj)	յուրաքանչյուր	[jurakʰančjúr]
qualquer (adj)	ցանկացած	[tsankatsʰáts]
muito, muitos, muitas	շատ	[šat]
muitas pessoas	շատերը	[šatérə]
todos	բոլորը	[bolórə]
em troca de ...	ի փոխարեն ...	[i pʰoχarén ...]
em troca	փոխարեն	[pʰoχarén]

à mão	ձեռքով	[dzerkʰóv]
pouco provável	հազիվ թե	[hazív tʰe]
provavelmente	երևի	[ereví]
de propósito	դիտմամբ	[ditmámb]
por acidente	պատահաբար	[patahabár]
muito	շատ	[šat]
por exemplo	օրինակ	[orinák]
entre	միջև	[midʒév]
entre (no meio de)	միջավայրում	[midʒavajrúm]
tanto	այնքան	[ajnkʰán]
especialmente	հատկապես	[hatkapés]

Conceitos básicos. Parte 2

16. Opostos

rico (adj) հարուստ [harúst]
pobre (adj) աղքատ [aġkʰát]

doente (adj) հիվանդ [hivánd]
bem (adj) առողջ [aróġʤ]

grande (adj) մեծ [meʦ]
pequeno (adj) փոքր [pʰokʰr]

rapidamente արագ [arág]
lentamente դանդաղ [dandáġ]

rápido (adj) արագ [arág]
lento (adj) դանդաղ [dandáġ]

alegre (adj) ուրախ [uráχ]
triste (adj) տխուր [tχur]

juntos (ir ~) միասին [miasín]
separadamente առանձին [aranʣín]

em voz alta (ler ~) բարձրաձայն [barʣraʣájn]
para si (em silêncio) մտքում [mtkʰum]

alto (adj) բարձր [barʣr]
baixo (adj) ցածրահասակ [ʦʰaʦrahasák]

profundo (adj) խորը [χórə]
raso (adj) ծանծաղ [ʦanʦáġ]

sim այո [ajó]
não ոչ [voč]

distante (adj) հեռու [herú]
próximo (adj) մոտիկ [motík]

longe հեռու [herú]
à mão, perto մոտ [mot]

longo (adj) երկար [erkár]
curto (adj) կարճ [karč]

bom (bondoso) բարի [barí]
mal (adj) չար [čar]

casado (adj) ամուսնացած [amusnaʦʰáʦ]

solteiro (adj)	ամուրի	[amurí]
proibir (vt)	արգելել	[argelél]
permitir (vt)	թույլատրել	[tʰujlatrél]
fim (m)	վերջ	[verʤ]
início (m)	սկիզբ	[skizb]
esquerdo (adj)	ձախ	[ʣaχ]
direito (adj)	աջ	[aʤ]
primeiro (adj)	առաջին	[araʤín]
último (adj)	վերջին	[verʤín]
crime (m)	հանցագործություն	[hanʦʰagorʦutʰjún]
castigo (m)	պատիժ	[patíʒ]
ordenar (vt)	հրամայել	[hramajél]
obedecer (vt)	ենթարկվել	[entʰarkvél]
reto (adj)	ուղիղ	[uġíġ]
curvo (adj)	ծուռ	[ʦur]
paraíso (m)	դրախտ	[draχt]
inferno (m)	դժոխք	[dʒoχkʰ]
nascer (vi)	ծնվել	[ʦnvel]
morrer (vi)	մահանալ	[mahanál]
forte (adj)	ուժեղ	[uʒéġ]
fraco, débil (adj)	թույլ	[tʰujl]
velho, idoso (adj)	ծեր	[ʦer]
jovem (adj)	երիտասարդ	[eritasárd]
velho (adj)	հին	[hin]
novo (adj)	նոր	[nor]
duro (adj)	կոշտ	[košt]
macio (adj)	փափուկ	[pʰapúk]
quente (adj)	տաք	[takʰ]
frio (adj)	սառը	[sárə]
gordo (adj)	գեր	[ger]
magro (adj)	նիհար	[nihár]
estreito (adj)	նեղ	[neġ]
largo (adj)	լայն	[lajn]
bom (adj)	լավ	[lav]
mau (adj)	վատ	[vat]
valente, corajoso (adj)	քաջ	[kʰaʤ]
covarde (adj)	վախկոտ	[vaχkót]

17. Dias da semana

segunda-feira (f)	երկուշաբթի	[erkušabt^{h}í]
terça-feira (f)	երեքշաբթի	[erek^{h}šabt^{h}í]
quarta-feira (f)	չորեքշաբթի	[čorek^{h}šabt^{h}í]
quinta-feira (f)	հինգշաբթի	[hingšabt^{h}í]
sexta-feira (f)	ուրբաթ	[urbát^h]
sábado (m)	շաբաթ	[šabát^h]
domingo (m)	կիրակի	[kirakí]
hoje	այսօր	[ajsór]
amanhã	վաղը	[váġə]
depois de amanhã	վաղը չէ մյուս օրը	[váġə čē mjus órə]
ontem	երեկ	[erék]
anteontem	նախանցյալ օրը	[naχants^{h}jál órə]
dia (m)	օր	[or]
dia (m) de trabalho	աշխատանքային օր	[ašχatank^{h}ajín or]
feriado (m)	տոնական օր	[tonakán or]
dia (m) de folga	հանգստյան օր	[hangstján ór]
fim (m) de semana	շաբաթ, կիրակի	[šabát^h, kirakí]
o dia todo	ամբողջ օր	[ambóġʤ ór]
no dia seguinte	մյուս օրը	[mjus órə]
há dois dias	երկու օր առաջ	[erkú or aráʤ]
na véspera	նախորդ օրը	[naχórd órə]
diário (adj)	ամենօրյա	[amenorjá]
todos os dias	ամեն օր	[amén or]
semana (f)	շաբաթ	[šabát^h]
na semana passada	անցյալ շաբաթ	[ants^{h}jál šabát^h]
semana que vem	հաջորդ շաբաթ	[haʤórt shabát]
semanal (adj)	շաբաթական	[šabat^{h}akán]
toda semana	շաբաթական	[šabat^{h}akán]
duas vezes por semana	շաբաթը երկու անգամ	[šabát^{h}ə erkú angám]
toda terça-feira	ամեն երեքշաբթի	[amén erek^{h}šabt^{h}í]

18. Horas. Dia e noite

manhã (f)	առավոտ	[aravót]
de manhã	առավոտյան	[aravotján]
meio-dia (m)	կեսօր	[kesór]
à tarde	ճաշից հետո	[čašíts^h hetó]
tardinha (f)	երեկո	[erekó]
à tardinha	երեկոյան	[erekoján]
noite (f)	գիշեր	[gišér]
à noite	գիշերը	[gišérə]
meia-noite (f)	կեսգիշեր	[kesgišér]
segundo (m)	վայրկյան	[vajrkján]
minuto (m)	րոպե	[ropé]
hora (f)	ժամ	[ʒam]

meia hora (f)	կես ժամ	[kes ʒam]
quarto (m) de hora	քառորդ ժամ	[kʰaród ʒam]
quinze minutos	տասնհինգ րոպե	[tasnhíng ropé]
vinte e quatro horas	օր	[or]
nascer (m) do sol	արևածագ	[arevaʦág]
amanhecer (m)	արևածագ	[arevaʦág]
madrugada (f)	վաղ առավոտ	[vaġ aravót]
pôr-do-sol (m)	մայրամուտ	[majramút]
de madrugada	վաղ առավոտյան	[váġ aravotján]
esta manhã	այսօր առավոտյան	[ajsór aravotján]
amanhã de manhã	վաղը առավոտյան	[váġə aravotján]
esta tarde	այսօր ցերեկը	[ajsór ʦʰerékə]
à tarde	ճաշից հետո	[čašíʦʰ hetó]
amanhã à tarde	վաղը ճաշից հետո	[váġə čašíʦʰ hetó]
esta noite, hoje à noite	այսօր երեկոյան	[ajsór erekoján]
amanhã à noite	վաղը երեկոյան	[váġə erekoján]
às três horas em ponto	ուղիղ ժամը երեքին	[uġíġ ʒámə erekʰín]
por volta das quatro	մոտ ժամը չորսին	[mot ʒámə čorsín]
às doze	մոտ ժամը տասներկուսին	[mot ʒámə tasnerkusín]
em vinte minutos	քսան րոպեից	[kʰsán ropeíʦʰ]
em uma hora	մեկ ժամից	[mek ʒamíʦʰ]
a tempo	ժամանակին	[ʒamanakín]
... um quarto para	տասնհինգ պակաս	[tasnhíng pakás]
dentro de uma hora	մեկ ժամվա ընթացքում	[mek ʒamvá əntʰaʦʰkʰúm]
a cada quinze minutos	տասնհինգ րոպեն մեկ	[tasnhíng ropén mek]
as vinte e quatro horas	ողջ օրը	[voġʤ órə]

19. Meses. Estações

janeiro (m)	հունվար	[hunvár]
fevereiro (m)	փետրվար	[pʰetrvár]
março (m)	մարտ	[mart]
abril (m)	ապրիլ	[apríl]
maio (m)	մայիս	[majís]
junho (m)	հունիս	[hunís]
julho (m)	հուլիս	[hulís]
agosto (m)	օգոստոս	[ogostós]
setembro (m)	սեպտեմբեր	[septembér]
outubro (m)	հոկտեմբեր	[hoktembér]
novembro (m)	նոյեմբեր	[noembér]
dezembro (m)	դեկտեմբեր	[dektembér]
primavera (f)	գարուն	[garún]
na primavera	գարնանը	[garnánə]
primaveril (adj)	գարնանային	[garnanajín]
verão (m)	ամառ	[amár]

no verão	ամռանը	[amránə]
de verão	ամառային	[amarajín]
outono (m)	աշուն	[ašún]
no outono	աշնանը	[ašnánə]
outonal (adj)	աշնանային	[ašnanajín]
inverno (m)	ձմեռ	[dzmer]
no inverno	ձմռանը	[dzmránə]
de inverno	ձմեռային	[dzmerajín]
mês (m)	ամիս	[amís]
este mês	այս ամիս	[ajs amís]
mês que vem	մյուս ամիս	[mjús amís]
no mês passado	անցյալ ամիս	[antsʰjál amís]
um mês atrás	մեկ ամիս առաջ	[mek amís arádʒ]
em um mês	մեկ ամիս հետո	[mek amís hetó]
em dois meses	երկու ամիս հետո	[erkú amís hetó]
todo o mês	ամբողջ ամիս	[ambóġdʒ amís]
um mês inteiro	ողջ ամիս	[voġdʒ amís]
mensal (adj)	ամսական	[amsakán]
mensalmente	ամեն ամիս	[amén amís]
todo mês	ամեն ամիս	[amén amís]
duas vezes por mês	ամսական երկու անգամ	[amsakán erkú angám]
ano (m)	տարի	[tarí]
este ano	այս տարի	[ajs tarí]
ano que vem	մյուս տարի	[mjus tarí]
no ano passado	անցյալ տարի	[antsʰjál tarí]
há um ano	մեկ տարի առաջ	[mek tarí arádʒ]
em um ano	մեկ տարի անց	[mek tarí ántsʰ]
dentro de dois anos	երկու տարի անց	[erkú tarí antsʰ]
todo o ano	ամբողջ տարի	[ambóġdʒ tarí]
um ano inteiro	ողջ տարի	[voġdʒ tarí]
cada ano	ամեն տարի	[amén tarí]
anual (adj)	տարեկան	[tarekán]
anualmente	ամեն տարի	[amén tarí]
quatro vezes por ano	տարեկան չորս անգամ	[tarekán čórs angám]
data (~ de hoje)	ամսաթիվ	[amsatʰív]
data (ex. ~ de nascimento)	ամսաթիվ	[amsatʰív]
calendário (m)	օրացույց	[oratsʰújtsʰ]
meio ano	կես տարի	[kes tarí]
seis meses	կիսամյակ	[kisamják]
estação (f)	սեզոն	[sezón]
século (m)	դար	[dar]

20. Tempo. Diversos

tempo (m)	ժամանակ	[ʒamanák]
momento (m)	ակնթարթ	[akntʰártʰ]

instante (m) ակնթարթ [akntʰártʰ]
instantâneo (adj) ակնթարթային [akntʰartʰajín]
lapso (m) de tempo ժամանակահատված [ʒamanakahatváʦ]
vida (f) կյանք [kjankʰ]
eternidade (f) հավերժություն [haverʒutʰjún]

época (f) դարաշրջան [darašrʤán]
era (f) դարաշրջան [darašrʤán]
ciclo (m) ցիկլ [ʦʰikl]
período (m) ժամանակահատված [ʒamanakahatváʦ]
prazo (m) ժամկետ [ʒamkét]

futuro (m) ապագա [apagá]
futuro (adj) ապագա [apagá]
da próxima vez հաջորդ անգամ [haʤórd angám]
passado (m) անցյալ [anʦʰjál]
passado (adj) անցյալ [anʦʰjál]
na última vez անցյալ անգամ [anʦʰjál angám]
mais tarde քիչ անց [kʰič anʦʰ]
depois de ... հետո [hetó]
atualmente այժմ [ajʒm]
agora հիմա [himá]
imediatamente անմիջապես [anmiʤapés]
em breve շուտով [šutóv]
de antemão նախօրոք [naχorókʰ]

há muito tempo վաղուց [vaġúʦʰ]
recentemente վերջերս [verʤérs]
destino (m) ճակատագիր [čakatagír]
recordações (f pl) հիշողություններ [hišohutʰjúnnér]
arquivo (m) արխիվ [arχív]
durante ... ... ժամանակ [... ʒamanák]
durante muito tempo երկար ժամանակ [erkár ʒamanák]
pouco tempo կարճ ժամանակ [karč ʒamanák]
cedo (levantar-se ~) շուտ [šut]
tarde (deitar-se ~) ուշ [uš]

para sempre ընդմիշտ [əndmíšt]
começar (vt) սկսել [sksel]
adiar (vt) տեղափոխել [teġapʰoχél]

ao mesmo tempo միաժամանակ [miaʒamanák]
permanentemente անընդհատ [anəndhát]
constante (~ ruído, etc.) անընդմեջ [anəndméʤ]
temporário (adj) ժամանակավոր [ʒamanakavór]

às vezes երբեմն [erbémn]
raras vezes, raramente հազվադեպ [hazvadép]
frequentemente հաճախ [hačáχ]

21. Linhas e formas

quadrado (m) քառակուսի [kʰarakusí]
quadrado (adj) քառակուսի [kʰarakusí]

círculo (m)	շրջան	[šrdʒan]
redondo (adj)	կլոր	[klor]
triângulo (m)	եռանկյունի	[erankjuní]
triangular (adj)	եռանկյունաձև	[erankjunadzév]
oval (f)	օվալ	[ovál]
oval (adj)	օվալաձև	[ovaladzév]
retângulo (m)	ուղղանկյուն	[uġġankjún]
retangular (adj)	ուղղանկյունաձև	[uġġankjúnadzév]
pirâmide (f)	բուրգ	[burg]
losango (m)	շեղանկյուն	[šeġankjún]
trapézio (m)	սեղանակերպ	[seġanakérp]
cubo (m)	խորանարդ	[χoranárd]
prisma (m)	հատվածակողմ	[hatvatsakóġm]
circunferência (f)	շրջագիծ	[šrdʒagíts]
esfera (f)	գունդ	[gund]
globo (m)	գունդ	[gund]
diâmetro (m)	տրամագիծ	[tramagíts]
raio (m)	շառավիղ	[šaravíġ]
perímetro (m)	պարագիծ	[paragíts]
centro (m)	կենտրոն	[kentrón]
horizontal (adj)	հորիզոնական	[horizonakán]
vertical (adj)	ուղղաձիգ	[uġġagíts]
paralela (f)	զուգահեռ	[zugahér]
paralelo (adj)	զուգահեռ	[zugahér]
linha (f)	գիծ	[gits]
traço (m)	գիծ	[gits]
reta (f)	ուղիղ	[uġíġ]
curva (f)	կոր	[kor]
fino (linha ~a)	բարակ	[barák]
contorno (m)	ուրվագիծ	[urvagíts]
interseção (f)	հատում	[hatúm]
ângulo (m) reto	ուղիղ անկյուն	[uġíġ ankjún]
segmento (m)	հատված	[hatváts]
setor (m)	հատված	[hatváts]
lado (de um triângulo, etc.)	կողմ	[koġm]
ângulo (m)	անկյուն	[ankjún]

22. Unidades de medida

peso (m)	քաշ	[kʰaš]
comprimento (m)	երկարություն	[erkarutʰjún]
largura (f)	լայնություն	[lajnutʰjún]
altura (f)	բարձրություն	[bardzrutʰjún]
profundidade (f)	խորություն	[χorutʰjún]
volume (m)	ծավալ	[tsavál]
área (f)	մակերես	[makerés]
grama (m)	գրամ	[gram]
miligrama (m)	միլիգրամ	[miligrám]

quilograma (m)	կիլոգրամ	[kilográm]
tonelada (f)	տոննա	[tónna]
libra (453,6 gramas)	ֆունտ	[funt]
onça (f)	ունցիա	[únʦʰia]
metro (m)	մետր	[metr]
milímetro (m)	միլիմետր	[milimétr]
centímetro (m)	սանտիմետր	[santimétr]
quilômetro (m)	կիլոմետր	[kilométr]
milha (f)	մղոն	[mġon]
polegada (f)	դյույմ	[djujm]
pé (304,74 mm)	ֆութ	[futʰ]
jarda (914,383 mm)	յարդ	[jard]
metro (m) quadrado	քառակուսի մետր	[kʰarakusí métr]
hectare (m)	հեկտար	[hektár]
litro (m)	լիտր	[litr]
grau (m)	աստիճան	[astičán]
volt (m)	վոլտ	[volt]
ampère (m)	ամպեր	[ampér]
cavalo (m) de potência	ձիաուժ	[ʣiaúʒ]
quantidade (f)	քանակ	[kʰanák]
um pouco de ...	մի փոքր ...	[mi pʰokʰr ...]
metade (f)	կես	[kes]
dúzia (f)	դյուժին	[djuʒín]
peça (f)	հատ	[hat]
tamanho (m), dimensão (f)	չափս	[čapʰs]
escala (f)	մասշտաբ	[masštáb]
mínimo (adj)	նվազագույն	[nvazagújn]
menor, mais pequeno	փոքրագույն	[pʰokʰragújn]
médio (adj)	միջին	[miʤín]
máximo (adj)	առավելագույն	[aravelagújn]
maior, mais grande	մեծագույն	[meʦagújn]

23. Recipientes

pote (m) de vidro	բանկա	[banká]
lata (~ de cerveja)	տարա	[tará]
balde (m)	դույլ	[dujl]
barril (m)	տակառ	[takár]
bacia (~ de plástico)	թաս	[tʰas]
tanque (m)	բաք	[bakʰ]
cantil (m) de bolso	տափակաշիշ	[tapʰakašíš]
galão (m) de gasolina	թիթեղ	[tʰitʰéġ]
cisterna (f)	ցիստեռն	[ʦʰistérn]
caneca (f)	գավաթ	[gavátʰ]
xícara (f)	բաժակ	[baʒák]

pires (m)	պնակ	[pnak]
copo (m)	բաժակ	[baʒák]
taça (f) de vinho	գավաթ	[gavátʰ]
panela (f)	կաթսա	[katʰsá]
garrafa (f)	շիշ	[šiš]
gargalo (m)	բերան	[berán]
jarra (f)	գրաֆին	[grafín]
jarro (m)	սափոր	[sapʰór]
recipiente (m)	անոթ	[anótʰ]
pote (m)	կճուճ	[kčuč]
vaso (m)	վազա	[váza]
frasco (~ de perfume)	սրվակ	[srvak]
frasquinho (m)	սրվակիկ	[srvakík]
tubo (m)	պարկուճ	[parkúč]
saco (ex. ~ de açúcar)	պարկ	[park]
sacola (~ plastica)	տոպրակ	[toprák]
maço (de cigarros, etc.)	տուփ	[tupʰ]
caixa (~ de sapatos, etc.)	տուփ	[tupʰ]
caixote (~ de madeira)	դարակ	[darák]
cesto (m)	զամբյուղ	[zambjúġ]

24. Materiais

material (m)	նյութ	[njutʰ]
madeira (f)	փայտ	[pʰajt]
de madeira	փայտյա	[pʰajtjá]
vidro (m)	ապակի	[apakí]
de vidro	ապակյա	[apakjá]
pedra (f)	քար	[kʰar]
de pedra	քարե	[kʰaré]
plástico (m)	պլաստիկ	[plastík]
plástico (adj)	պլաստմասե	[plastmasé]
borracha (f)	ռետին	[retín]
de borracha	ռետինե	[retiné]
tecido, pano (m)	գործվածք	[gortsvátskʰ]
de tecido	գործվածքից	[gortsvatskʰítsʰ]
papel (m)	թուղթ	[tʰuġtʰ]
de papel	թղթե	[tʰġtʰe]
papelão (m)	ստվարաթուղթ	[stvaratʰúġtʰ]
de papelão	ստվարաթղթե	[stvaratʰġtʰé]
polietileno (m)	պոլիէթիլեն	[poliētʰilén]
celofane (m)	ցելոֆան	[tsʰelofán]

madeira (f) compensada	ֆաներա	[fanéra]
porcelana (f)	ճենապակի	[čenapakí]
de porcelana	ճենապակե	[čenapaké]
argila (f), barro (m)	կավ	[kav]
de barro	կավե	[kavé]
cerâmica (f)	կերամիկա	[kerámika]
de cerâmica	կերամիկական	[keramikakán]

25. Metais

metal (m)	մետաղ	[metáġ]
metálico (adj)	մետաղյա	[metaġjá]
liga (f)	ձուլվածք	[ʣulváʦk^{h}]
ouro (m)	ոսկի	[voskí]
de ouro	ոսկյա	[voskjá]
prata (f)	արծաթ	[arʦát^{h}]
de prata	արծաթյա	[arʦat^{h}já]
ferro (m)	երկաթ	[erkát^{h}]
de ferro	երկաթյա	[erkat^{h}já]
aço (m)	պողպատ	[poġpát]
de aço (adj)	պողպատյա	[poġpatjá]
cobre (m)	պղինձ	[pġinʣ]
de cobre	պղնձե	[pġnʣe]
alumínio (m)	ալյումին	[aljumín]
de alumínio	ալյումինե	[aljuminé]
bronze (m)	բրոնզ	[bronz]
de bronze	բրոնզե	[bronzé]
latão (m)	արույր	[arújr]
níquel (m)	նիկել	[nikél]
platina (f)	պլատին	[platín]
mercúrio (m)	սնդիկ	[sndik]
estanho (m)	անագ	[anág]
chumbo (m)	կապար	[kapár]
zinco (m)	ցինկ	[ʦ^{h}ink]

O SER HUMANO

O ser humano. O corpo

26. Humanos. Conceitos básicos

ser (m) humano	մարդ	[mard]
homem (m)	տղամարդ	[tġamárd]
mulher (f)	կին	[kin]
criança (f)	երեխա	[ereχá]
menina (f)	աղջիկ	[aġʤík]
menino (m)	տղա	[tġa]
adolescente (m)	դեռահաս	[derahás]
velho (m)	ծերունի	[ʦeruní]
velha (f)	պառավ	[paráv]

27. Anatomia humana

organismo (m)	օրգանիզմ	[organízm]
coração (m)	սիրտ	[sirt]
sangue (m)	արյուն	[arjún]
artéria (f)	զարկերակ	[zarkerák]
veia (f)	երակ	[erák]
cérebro (m)	ուղեղ	[uġéġ]
nervo (m)	ներվ	[nerv]
nervos (m pl)	ներվեր	[nervér]
vértebra (f)	ող	[voġ]
coluna (f) vertebral	ողնաշար	[voġnašár]
estômago (m)	ստամոքս	[stamókʰs]
intestinos (m pl)	աղիքներ	[aġikʰnér]
intestino (m)	աղիք	[aġíkʰ]
fígado (m)	լյարդ	[ljard]
rim (m)	երիկամ	[erikám]
osso (m)	ոսկոր	[voskór]
esqueleto (m)	կմախք	[kmaχkʰ]
costela (f)	կողոսկր	[koġóskr]
crânio (m)	գանգ	[gang]
músculo (m)	մկան	[mkan]
bíceps (m)	բիցեպս	[bíʦʰeps]
tríceps (m)	տրիցեպս	[tríʦʰeps]
tendão (m)	ջիլ	[ʤil]
articulação (f)	հոդ	[hod]

pulmões (m pl)	թոքեր	[tʰokʰér]
órgãos (m pl) genitais	սեռական օրգաններ	[serakán organnér]
pele (f)	մաշկ	[mašk]

28. Cabeça

cabeça (f)	գլուխ	[gluχ]
rosto, cara (f)	երես	[erés]
nariz (m)	քիթ	[kʰitʰ]
boca (f)	բերան	[berán]
olho (m)	աչք	[ačkʰ]
olhos (m pl)	աչքեր	[ačkʰér]
pupila (f)	բիբ	[bib]
sobrancelha (f)	ունք	[unkʰ]
cílio (f)	թարթիչ	[tʰartʰíč]
pálpebra (f)	կոպ	[kap]
língua (f)	լեզու	[lezú]
dente (m)	ատամ	[atám]
lábios (m pl)	շրթունքներ	[šrtʰunkʰnér]
maçãs (f pl) do rosto	այտոսկրեր	[ajtoskrér]
gengiva (f)	լինդ	[lind]
palato (m)	քիմք	[kimkʰ]
narinas (f pl)	քթածակեր	[kʰtʰatsakér]
queixo (m)	կզակ	[kzak]
mandíbula (f)	ծնոտ	[tsnot]
bochecha (f)	այտ	[ajt]
testa (f)	ճակատ	[čakát]
têmpora (f)	քներակ	[kʰnerák]
orelha (f)	ականջ	[akándʒ]
costas (f pl) da cabeça	ծոծրակ	[tsotsrák]
pescoço (m)	պարանոց	[paranótsʰ]
garganta (f)	կոկորդ	[kokórd]
cabelo (m)	մազեր	[mazér]
penteado (m)	սանրվածք	[sanrvátskʰ]
corte (m) de cabelo	սանրվածք	[sanrvátskʰ]
peruca (f)	կեղծամ	[keġtsám]
bigode (m)	բեղեր	[beġér]
barba (f)	մորուք	[morúkʰ]
ter (~ barba, etc.)	կրել	[krel]
trança (f)	հյուս	[hjus]
suíças (f pl)	այտամորուք	[ajtamorúkʰ]
ruivo (adj)	շիկահեր	[šikahér]
grisalho (adj)	ալեհեր	[alehér]
careca (adj)	ճաղատ	[čaġát]
calva (f)	ճաղատ	[čaġát]
rabo-de-cavalo (m)	պոչ	[poč]
franja (f)	մազափունջ	[mazapʰúndʒ]

29. Corpo humano

mão (f) դաստակ [dasták]
braço (m) թև [t^{h}ev]

dedo (m) մատ [mat]
polegar (m) բութ մատ [but^h mát]
dedo (m) mindinho ճկույթ [čkujt^h]
unha (f) եղունգ [eġúng]

punho (m) բռունցք [brunʦ^{h}k^h]
palma (f) ափ [ap^h]
pulso (m) դաստակ [dasták]
antebraço (m) նախաբազուկ [naχabazúk]
cotovelo (m) արմունկ [armúnk]
ombro (m) ուս [us]

perna (f) ոտք [votk^h]
pé (m) ոտնաթաթ [votnat^{h}át^h]
joelho (m) ծունկ [ʦunk]
panturrilha (f) սրունք [srunk^h]
quadril (m) ազդր [azdr]
calcanhar (m) կրունկ [krunk]

corpo (m) մարմին [marmín]
barriga (f), ventre (m) փոր [p^{h}or]
peito (m) կրծքավանդակ [krʦk^{h}avandák]
seio (m) կուրծք [kurʦk^h]
lado (m) կող [koġ]
costas (dorso) մեջք [meʤk^h]
região (f) lombar գոտկատեղ [gotkatéġ]
cintura (f) գոտկատեղ [gotkatéġ]

umbigo (m) պորտ [port]
nádegas (f pl) նստատեղ [nstatéġ]
traseiro (m) հետույք [hetújk^h]

sinal (m), pinta (f) խալ [χal]
tatuagem (f) դաջվածք [daʤváʦk^h]
cicatriz (f) սպի [spi]

Vestuário & Acessórios

30. Roupa exterior. Casacos

roupa (f)	հագուստ	[hagúst]
roupa (f) exterior	վերնազգեստ	[vernazgést]
roupa (f) de inverno	ձմեռային հագուստ	[ʤmerajín hagúst]
sobretudo (m)	վերարկու	[verarkú]
casaco (m) de pele	մուշտակ	[mušták]
jaqueta (f) de pele	կիսամուշտակ	[kisamušták]
casaco (m) acolchoado	բմբուլե բաճկոն	[bmbulé bačkón]
casaco (m), jaqueta (f)	բաճկոն	[bačkón]
impermeável (m)	թիկնոց	[tʰiknóʦʰ]
a prova d'água	անջրանցիկ	[anʤranʦʰík]

31. Vestuário de homem & mulher

camisa (f)	վերնաշապիկ	[vernašapík]
calça (f)	տաբատ	[tabát]
jeans (m)	ջինսեր	[ʤinsér]
paletó, terno (m)	պիջակ	[piʤák]
terno (m)	կոստյում	[kostjúm]
vestido (ex. ~ de noiva)	զգեստ	[zgest]
saia (f)	շրջազգեստ	[šrʤazgést]
blusa (f)	բլուզ	[bluz]
casaco (m) de malha	կոֆտա	[koftá]
casaco, blazer (m)	ժակետ	[ʒakét]
camiseta (f)	մարզաշապիկ	[marzašapík]
short (m)	կարճ տաբատ	[karč tabát]
training (m)	մարզազգեստ	[marzazgést]
roupão (m) de banho	խալաթ	[χalátʰ]
pijama (m)	ննջազգեստ	[nnʤazgést]
suéter (m)	սվիտեր	[svitér]
pulôver (m)	պուլովեր	[pulóver]
colete (m)	բաճկոնակ	[bačkonák]
fraque (m)	ֆրակ	[frak]
smoking (m)	սմոկինգ	[smóking]
uniforme (m)	համազգեստ	[hamazgést]
roupa (f) de trabalho	աշխատանքային համազգեստ	[ašχatankʰajín hamazgést]
macacão (m)	կոմբինեզոն	[kombinezón]
jaleco (m), bata (f)	խալաթ	[χalátʰ]

32. Vestuário. Roupa interior

roupa (f) íntima	ներքնազգեստ	[nerkʰnazgést]
camiseta (f)	ներքնաշապիկ	[nerkʰnašapík]
meias (f pl)	կիսագուլպա	[kisagulpá]
camisola (f)	գիշերանոց	[gišeranótsʰ]
sutiã (m)	կրծքակալ	[krtskʰákal]
meias longas (f pl)	կարճ գուլպաներ	[karč gulpanér]
meias-calças (f pl)	զուգագուլպա	[zugagulpá]
meias (~ de nylon)	գուլպաներ	[gulpanér]
maiô (m)	լողազգեստ	[loġazgést]

33. Adereços de cabeça

chapéu (m), touca (f)	գլխարկ	[glχark]
chapéu (m) de feltro	եզրավոր գլխարկ	[ezravór glχárk]
boné (m) de beisebol	մարզագլխարկ	[marzaglχárk]
boina (~ italiana)	կեպի	[képi]
boina (ex. ~ basca)	բերետ	[berét]
capuz (m)	գլխանոց	[glχanótsʰ]
chapéu panamá (m)	պանամա	[panáma]
touca (f)	գործած գլխարկ	[gortsáts glχárk]
lenço (m)	գլխաշոր	[glχašór]
chapéu (m) feminino	գլխարկիկ	[glχarkík]
capacete (m) de proteção	սաղավարտ	[saġavárt]
bibico (m)	պիլոտկա	[pilótka]
capacete (m)	սաղավարտ	[saġavárt]
chapéu-coco (m)	կոտելոկ	[kotelók]
cartola (f)	գլանագլխարկ	[glanaglχárk]

34. Calçado

calçado (m)	կոշիկ	[košík]
botinas (f pl), sapatos (m pl)	ճտքավոր կոշիկներ	[čtkʰavór košiknér]
sapatos (de salto alto, etc.)	կոշիկներ	[košiknér]
botas (f pl)	երկարաճիտ կոշիկներ	[erkaračít košiknér]
pantufas (f pl)	հողաթափեր	[hoġatʰapʰér]
tênis (~ Nike, etc.)	բոթասներ	[botʰasnér]
tênis (~ Converse)	մարզական կոշիկներ	[marzakán košiknér]
sandálias (f pl)	սանդալներ	[sandalnér]
sapateiro (m)	կոշկակար	[koškakár]
salto (m)	կրունկ	[krunk]
par (m)	զույգ	[zujg]
cadarço (m)	կոշկակապ	[koškakáp]

amarrar os cadarços	կոշկակապել	[koškakapél]
calçadeira (f)	թիակ	[tʰiak]
graxa (f) para calçado	կոշիկի քսուք	[košikí ksúkʰ]

35. Têxtil. Tecidos

algodão (m)	բամբակ	[bambák]
de algodão	բամբակից	[bambakítsʰ]
linho (m)	կտավատ	[ktavát]
de linho	կտավատից	[ktavatítsʰ]
seda (f)	մետաքս	[metákʰs]
de seda	մետաքսյա	[metakʰsjá]
lã (f)	բուրդ	[burd]
de lã	բրդյա	[brdja]
veludo (m)	թավիշ	[tʰavíš]
camurça (f)	թավշակաշի	[tʰavšakaší]
veludo (m) cotelê	վելվետ	[velvét]
nylon (m)	նեյլոն	[nejlón]
de nylon	նեյլոնից	[nejlonítsʰ]
poliéster (m)	պոլիէստեր	[poliēstér]
de poliéster	պոլիէստերից	[poliēsterítsʰ]
couro (m)	կաշի	[kaší]
de couro	կաշվից	[kašvítsʰ]
pele (f)	մորթի	[mortʰí]
de pele	մորթյա	[mortʰjá]

36. Acessórios pessoais

luva (f)	ձեռնոցներ	[dzernotsʰnér]
mitenes (f pl)	ձեռնոց	[dzernótsʰ]
cachecol (m)	շարֆ	[šarf]
óculos (m pl)	ակնոց	[aknótsʰ]
armação (f)	շրջանակ	[šrdʒanák]
guarda-chuva (m)	հովանոց	[hovanótsʰ]
bengala (f)	ձեռնափայտ	[dzernapʰájt]
escova (f) para o cabelo	մազերի խոզանակ	[mazerí χozanák]
leque (m)	հովհար	[hovhár]
gravata (f)	փողկապ	[pʰoġkáp]
gravata-borboleta (f)	փողկապ-թիթեռնիկ	[pʰoġkáp tʰitʰerník]
suspensórios (m pl)	տաբատակալ	[tabatakál]
lenço (m)	թաշկինակ	[tʰaškinák]
pente (m)	սանր	[sanr]
fivela (f) para cabelo	մազակալ	[mazakál]
grampo (m)	ծամկալ	[tsamkál]
fivela (f)	ճարմանդ	[čarmánd]

cinto (m)	գոտի	[gotí]
alça (f) de ombro	փոկ	[pʰok]
bolsa (f)	պայուսակ	[pajusák]
bolsa (feminina)	կանացի պայուսակ	[kanatsʰí pajusák]
mochila (f)	ուղեպարկ	[uġepárk]

37. Vestuário. Diversos

moda (f)	նորաձևություն	[noradzevutʰjún]
na moda (adj)	նորաձև	[noradzév]
estilista (m)	մոդելյեր	[modelér]
colarinho (m)	օձիք	[odzíkʰ]
bolso (m)	գրպան	[grpan]
de bolso	գրպանի	[grpaní]
manga (f)	թևք	[tʰevkʰ]
ganchinho (m)	կախիչ	[kaχíč]
bragueta (f)	լայնույթ	[lajnújtʰ]
zíper (m)	կայծակաճարմանդ	[kajtsaka čarmánd]
colchete (m)	ճարմանդ	[čarmánd]
botão (m)	կոճակ	[kočák]
botoeira (casa de botão)	հանգույց	[hangújtsʰ]
soltar-se (vr)	պոկվել	[pokvél]
costurar (vi)	կարել	[karél]
bordar (vt)	ասեղնագործել	[aseġnagortsél]
bordado (m)	ասեղնագործություն	[aseġnagortsutʰjún]
agulha (f)	ասեղ	[aséġ]
fio, linha (f)	թել	[tʰel]
costura (f)	կար	[kar]
sujar-se (vr)	կեղտոտվել	[keġtotvél]
mancha (f)	բիծ	[bits]
amarrotar-se (vr)	ճմրթվել	[čmrtʰel]
rasgar (vt)	ճղվել	[čġvel]
traça (f)	ցեց	[tsʰetsʰ]

38. Cuidados pessoais. Cosméticos

pasta (f) de dente	ատամի մածուկ	[atamí matsúk]
escova (f) de dente	ատամի խոզանակ	[atamí χozanák]
escovar os dentes	ատամները մաքրել	[atamnérə makʰrél]
gilete (f)	ածելի	[atselí]
creme (m) de barbear	սափրվելու կրեմ	[sapʰrvelú krem]
barbear-se (vr)	սափրվել	[sapʰrvél]
sabonete (m)	օճառ	[očár]
xampu (m)	շամպուն	[šampún]
tesoura (f)	մկրատ	[mkrat]

lixa (f) de unhas	խարտոց	[χartótsʰ]
corta-unhas (m)	ունելիք	[unelíkʰ]
pinça (f)	ունելի	[unelí]
cosméticos (m pl)	կոսմետիկա	[kosmétika]
máscara (f)	դիմակ	[dimák]
manicure (f)	մանիկյուր	[manikjúr]
fazer as unhas	մատնահարդարում	[matnahardarúm]
pedicure (f)	պեդիկյուր	[pedikjúr]
bolsa (f) de maquiagem	կոսմետիկայի պայուսակ	[kosmetikají pajusák]
pó (de arroz)	դիմափոշի	[dimapʰoší]
pó (m) compacto	դիմափոշու աման	[dimapʰošú amán]
blush (m)	կարմրաներկ	[karmranérk]
perfume (m)	օծանելիք	[otsanelíkʰ]
água-de-colônia (f)	անուշահոտ ջուր	[anušahót ʤur]
loção (f)	լոսյոն	[losjón]
colônia (f)	օդեկոլոն	[odekolón]
sombra (f) de olhos	կոպերի ներկ	[koperí nérk]
delineador (m)	աչքի մատիտ	[ačkʰí matít]
máscara (f), rímel (m)	տուշ	[tuš]
batom (m)	շրթներկ	[šrtʰnerk]
esmalte (m)	եղունգների լաք	[eġungnerí lákʰ]
laquê (m), spray fixador (m)	մազերի լաք	[mazerí lakʰ]
desodorante (m)	դեզոդորանտ	[dezodoránt]
creme (m)	կրեմ	[krem]
creme (m) de rosto	դեմքի կրեմ	[demkʰí krem]
creme (m) de mãos	ձեռքի կրեմ	[ʣerkʰí krem]
creme (m) antirrugas	կնճիռների դեմ կրեմ	[knčirnerí dém krém]
de dia	ցերեկային	[tsʰerekajín]
da noite	գիշերային	[gišerajín]
absorvente (m) interno	տամպոն	[tampón]
papel (m) higiênico	զուգարանի թուղթ	[zugaraní tʰúġtʰ]
secador (m) de cabelo	ֆեն	[fen]

39. Joalheria

joias (f pl)	ոսկերչական զարդեր	[voskerčakán zardér]
precioso (adj)	թանկարժեք	[tʰankarʒékʰ]
marca (f) de contraste	հարգ	[harg]
anel (m)	մատանի	[mataní]
aliança (f)	նշանի մատանի	[nšaní mataní]
pulseira (f)	ապարանջան	[aparanʤán]
brincos (m pl)	ականջօղեր	[akanʤoġér]
colar (m)	մանյակ	[manják]
coroa (f)	թագ	[tʰag]
colar (m) de contas	ուլունքներ	[ulunkʰnér]

diamante (m)	ադամանդ	[adamánd]
esmeralda (f)	զմրուխտ	[zmruχt]
rubi (m)	սուտակ	[suták]
safira (f)	շափյուղա	[šapʰjuġá]
pérola (f)	մարգարիտ	[margarít]
âmbar (m)	սաթ	[satʰ]

40. Relógios de pulso. Relógios

relógio (m) de pulso	ձեռքի ժամացույց	[ʤerkʰí ʒamaʦʰújʦʰ]
mostrador (m)	թվահարթակ	[tʰvahartʰák]
ponteiro (m)	սլաք	[slakʰ]
bracelete (em aço)	շղթա	[šġtʰa]
bracelete (em couro)	փոկ	[pʰok]
pilha (f)	մարտկոց	[martkóʦʰ]
acabar (vi)	նստել	[nstel]
trocar a pilha	մարտկոցը փոխել	[martkóʦʰə pʰoχél]
estar adiantado	առաջ ընկնել	[aráʤ ənknél]
estar atrasado	ետ ընկնել	[et ənknél]
relógio (m) de parede	պատի ժամացույց	[patí ʒamaʦʰújʦʰ]
ampulheta (f)	ավազի ժամացույց	[avazí ʒamaʦʰújʦʰ]
relógio (m) de sol	արևի ժամացույց	[areví ʒamaʦʰújʦʰ]
despertador (m)	զարթուցիչ	[zartʰuʦʰíč]
relojoeiro (m)	ժամագործ	[ʒamagórʦ]
reparar (vt)	նորոգել	[norogél]

Alimentação. Nutrição

41. Comida

carne (f)	միս	[mis]
galinha (f)	հավ	[hav]
frango (m)	ճուտ	[čut]
pato (m)	բադ	[bad]
ganso (m)	սագ	[sag]
caça (f)	որսամիս	[vorsamís]
peru (m)	հնդկահավ	[hndkaháv]
carne (f) de porco	խոզի միս	[χozí mis]
carne (f) de vitela	հորթի միս	[hort^{h}í mís]
carne (f) de carneiro	ոչխարի միս	[vočχarí mis]
carne (f) de vaca	տավարի միս	[tavarí mis]
carne (f) de coelho	ճագար	[čagár]
linguiça (f), salsichão (m)	երշիկ	[eršík]
salsicha (f)	նրբերշիկ	[nrberšík]
bacon (m)	բեկոն	[bekón]
presunto (m)	խոզապուխտ	[χozapúχt]
pernil (m) de porco	ազդր	[azdr]
patê (m)	պաշտետ	[paštét]
fígado (m)	լյարդ	[ljard]
guisado (m)	աղացած միս	[aġats^{h}áts mis]
língua (f)	լեզու	[lezú]
ovo (m)	ձու	[dzu]
ovos (m pl)	ձվեր	[dzver]
clara (f) de ovo	սպիտակուց	[spitakúts^{h}]
gema (f) de ovo	դեղնուց	[deġnúts^{h}]
peixe (m)	ձուկ	[dzuk]
mariscos (m pl)	ծովամթերքներ	[tsovamt^{h}erk^{h}nér]
caviar (m)	ձկնկիթ	[dzknkit^{h}]
caranguejo (m)	ծովախեցգետին	[tsovaχets^{h}getín]
camarão (m)	մանր ծովախեցգետին	[mánr tsovaχets^{h}getín]
ostra (f)	ոստրե	[vostré]
lagosta (f)	լանգուստ	[langúst]
polvo (m)	ութոտնուկ	[ut^{h}otnúk]
lula (f)	կաղամար	[kaġamár]
esturjão (m)	թառափ	[t^{h}aráp^{h}]
salmão (m)	սաղման	[saġmán]
halibute (m)	վահանաձուկ	[vahanadzúk]
bacalhau (m)	ձողաձուկ	[dzoġadzúk]
cavala, sarda (f)	թյունիկ	[t^{h}juník]

atum (m)	թյուննոս	[tʰjunnós]
enguia (f)	օձաձուկ	[odzadzúk]
truta (f)	իշխան	[išχán]
sardinha (f)	սարդինա	[sardína]
lúcio (m)	գայլաձուկ	[gajladzúk]
arenque (m)	ծովատառեխ	[tsovataréχ]
pão (m)	հաց	[hatsʰ]
queijo (m)	պանիր	[panír]
açúcar (m)	շաքար	[šakʰár]
sal (m)	աղ	[aġ]
arroz (m)	բրինձ	[brindz]
massas (f pl)	մակարոն	[makarón]
talharim, miojo (m)	լափշա	[lapʰšá]
manteiga (f)	սերուցքային կարագ	[serutsʰkʰajín karág]
óleo (m) vegetal	բուսական յուղ	[busakán júġ]
óleo (m) de girassol	արևածաղկի ձեթ	[arevatsaġkí dzetʰ]
margarina (f)	մարգարին	[margarín]
azeitonas (f pl)	զեյթուն	[zeytún]
azeite (m)	ձիթապտղի ձեթ	[dzitʰaptġí dzetʰ]
leite (m)	կաթ	[katʰ]
leite (m) condensado	խտացրած կաթ	[χtatsʰráts kátʰ]
iogurte (m)	յոգուրտ	[jogúrt]
creme (m) azedo	թթվասեր	[tʰtʰvasér]
creme (m) de leite	սերուցք	[serútsʰkʰ]
maionese (f)	մայոնեզ	[majonéz]
creme (m)	կրեմ	[krem]
grãos (m pl) de cereais	ձավար	[dzavár]
farinha (f)	ալյուր	[aljúr]
enlatados (m pl)	պահածոներ	[pahatsonér]
flocos (m pl) de milho	եգիպտացորենի փաթիլներ	[egiptatsʰorení pʰatʰilnér]
mel (m)	մեղր	[meġr]
geleia (m)	ջեմ	[dʒem]
chiclete (m)	մաստակ	[masták]

42. Bebidas

água (f)	ջուր	[dʒur]
água (f) potável	խմելու ջուր	[χmelú dʒur]
água (f) mineral	հանքային ջուր	[hankʰajín dʒúr]
sem gás (adj)	առանց գազի	[arántsʰ gazí]
gaseificada (adj)	գազավորված	[gazavorváts]
com gás	գազով	[gazóv]
gelo (m)	սառույց	[sarújtsʰ]
com gelo	սառույցով	[sarutsʰóv]

não alcoólico (adj)	ոչ ալկոհոլային	[voč alkoholajín]
refrigerante (m)	ոչ ալկոհոլային ըմպելիք	[voč alkoholajín əmpelíkʰ]
refresco (m)	զովացուցիչ ըմպելիք	[zovatsʰutsʰíč əmpelíkʰ]
limonada (f)	լիմոնադ	[limonád]
bebidas (f pl) alcoólicas	ալկոհոլային խմիչքներ	[alkoholajín χmičkʰnér]
vinho (m)	գինի	[giní]
vinho (m) branco	սպիտակ գինի	[spiták giní]
vinho (m) tinto	կարմիր գինի	[karmír giní]
licor (m)	լիկյոր	[likjor]
champanhe (m)	շամպայն	[šampájn]
vermute (m)	վերմուտ	[vérmut]
uísque (m)	վիսկի	[víski]
vodca (f)	օղի	[oġí]
gim (m)	ջին	[ʤin]
conhaque (m)	կոնյակ	[konják]
rum (m)	ռոմ	[rom]
café (m)	սուրճ	[surč]
café (m) preto	սև սուրճ	[sev surč]
café (m) com leite	կաթով սուրճ	[katʰóv súrč]
cappuccino (m)	սերուցքով սուրճ	[serutsʰkʰóv surč]
café (m) solúvel	լուծվող սուրճ	[lutsvóġ súrč]
leite (m)	կաթ	[katʰ]
coquetel (m)	կոկտեյլ	[koktéjl]
batida (f), milkshake (m)	կաթնային կոկտեյլ	[katʰnajín koktéjl]
suco (m)	հյութ	[hjutʰ]
suco (m) de tomate	տոմատի հյութ	[tomatí hjútʰ]
suco (m) de laranja	նարնջի հյութ	[narnʤí hjutʰ]
suco (m) fresco	թարմ քամված հյութ	[tʰarm kʰamváts hjutʰ]
cerveja (f)	գարեջուր	[gareʤúr]
cerveja (f) clara	բաց գարեջուր	[batsʰ gareʤúr]
cerveja (f) preta	մուգ գարեջուր	[múg gareʤúr]
chá (m)	թեյ	[tʰej]
chá (m) preto	սև թեյ	[sev tʰej]
chá (m) verde	կանաչ թեյ	[kanáč tʰej]

43. Vegetais

vegetais (m pl)	բանջարեղեն	[banʤareġén]
verdura (f)	կանաչի	[kanačí]
tomate (m)	լոլիկ	[lolík]
pepino (m)	վարունգ	[varúng]
cenoura (f)	գազար	[gazár]
batata (f)	կարտոֆիլ	[kartofíl]
cebola (f)	սոխ	[soχ]
alho (m)	սխտոր	[sχtor]

couve (f)	կաղամբ	[kaġámb]
couve-flor (f)	ծաղկակաղամբ	[ʦaġkakaġámb]
couve-de-bruxelas (f)	բրյուսելյան կաղամբ	[brjuselján kaġámb]
brócolis (m pl)	կաղամբ բրոկոլի	[kaġámb brokóli]
beterraba (f)	բազուկ	[bazúk]
berinjela (f)	սմբուկ	[smbuk]
abobrinha (f)	դդմիկ	[ddmik]
abóbora (f)	դդում	[ddum]
nabo (m)	շաղգամ	[šaġgám]
salsa (f)	մաղադանոս	[maġadanós]
endro, aneto (m)	սամիթ	[samítʰ]
alface (f)	սալաթ	[salátʰ]
aipo (m)	նեխուր	[neχúr]
aspargo (m)	ծնեբեկ	[ʦnebék]
espinafre (m)	սպինատ	[spinát]
ervilha (f)	սիսեռ	[sisér]
feijão (~ soja, etc.)	լոբի	[lobí]
milho (m)	եգիպտացորեն	[egiptaʦʰorén]
feijão (m) roxo	լոբի	[lobí]
pimentão (m)	պղպեղ	[pġpeġ]
rabanete (m)	բողկ	[boġk]
alcachofra (f)	արտիճուկ	[artičúk]

44. Frutos. Nozes

fruta (f)	միրգ	[mirg]
maçã (f)	խնձոր	[χnʣor]
pera (f)	տանձ	[tanʣ]
limão (m)	կիտրոն	[kitrón]
laranja (f)	նարինջ	[naríndʒ]
morango (m)	ելակ	[elák]
tangerina (f)	մանդարին	[mandarín]
ameixa (f)	սալոր	[salór]
pêssego (m)	դեղձ	[deġʣ]
damasco (m)	ծիրան	[ʦirán]
framboesa (f)	մորի	[morí]
abacaxi (m)	արքայախնձոր	[arkʰajaχnʣór]
banana (f)	բանան	[banán]
melancia (f)	ձմերուկ	[ʣmerúk]
uva (f)	խաղող	[χaġóġ]
ginja (f)	բալ	[bal]
cereja (f)	կեռաս	[kerás]
melão (m)	սեխ	[seχ]
toranja (f)	գրեյպֆրուտ	[grejpfrút]
abacate (m)	ավոկադո	[avokádo]
mamão (m)	պապայա	[papája]
manga (f)	մանգո	[mángo]

romã (f)	նուռ	[nur]
groselha (f) vermelha	կարմիր հաղարջ	[karmír haġárdʒ]
groselha (f) negra	սև հաղարջ	[sév haġárdʒ]
groselha (f) espinhosa	հաղարջ	[haġárdʒ]
mirtilo (m)	հապալաս	[hapalás]
amora (f) silvestre	մոշ	[moš]
passa (f)	չամիչ	[čamíč]
figo (m)	թուզ	[tʰuz]
tâmara (f)	արմավ	[armáv]
amendoim (m)	գետնընկույզ	[getnənkújz]
amêndoa (f)	նուշ	[nuš]
noz (f)	ընկույզ	[ənkújz]
avelã (f)	պնդուկ	[pnduk]
coco (m)	կոկոսի ընկույզ	[kokósi ənkújz]
pistaches (m pl)	պիստակ	[pisták]

45. Pão. Bolaria

pastelaria (f)	հրուշակեղեն	[hrušakeġén]
pão (m)	հաց	[hatsʰ]
biscoito (m), bolacha (f)	թխվածքաբլիթ	[tʰχvatskʰablítʰ]
chocolate (m)	շոկոլադ	[šokolád]
de chocolate	շոկոլադե	[šokoladé]
bala (f)	կոնֆետ	[konfét]
doce (bolo pequeno)	հրուշակ	[hrušák]
bolo (m) de aniversário	տորթ	[tortʰ]
torta (f)	կարկանդակ	[karkandák]
recheio (m)	լցոն	[ltsʰon]
geleia (m)	մուրաբա	[murabá]
marmelada (f)	մարմելադ	[marmelád]
wafers (m pl)	վաֆլի	[vaflí]
sorvete (m)	պաղպաղակ	[paġpaġák]

46. Pratos cozinhados

prato (m)	ճաշատեսակ	[čašatesák]
cozinha (~ portuguesa)	խոհանոց	[χohanótsʰ]
receita (f)	բաղադրատոմս	[baġadratóms]
porção (f)	բաժին	[baʒín]
salada (f)	աղցան	[aġtsʰán]
sopa (f)	ապուր	[apúr]
caldo (m)	մսաջուր	[msadʒúr]
sanduíche (m)	բրդուճ	[brduč]
ovos (m pl) fritos	ձվածեղ	[dzvatséġ]
hambúrguer (m)	համբուրգեր	[hamburgér]

bife (m)	բիֆշտեքս	[bifštékʰs]
acompanhamento (m)	գառնիր	[garnír]
espaguete (m)	սպագետի	[spagétti]
purê (m) de batata	կարտոֆիլի պյուրե	[kartofilí pjuré]
pizza (f)	պիցցա	[píʦʰa]
mingau (m)	շիլա	[šilá]
omelete (f)	ձվածեղ	[ʣvaʦéġ]
fervido (adj)	եփած	[epʰáʦ]
defumado (adj)	ապխտած	[apχtáʦ]
frito (adj)	տապակած	[tapakáʦ]
seco (adj)	չորացրած	[čoraʦʰráʦ]
congelado (adj)	սառեցված	[sareʦʰváʦ]
em conserva (adj)	մարինացված	[marinaʦʰváʦ]
doce (adj)	քաղցր	[kʰaġʦʰr]
salgado (adj)	աղի	[aġí]
frio (adj)	սառը	[sárə]
quente (adj)	տաք	[takʰ]
amargo (adj)	դառը	[dárə]
gostoso (adj)	համեղ	[haméġ]
cozinhar em água fervente	եփել	[epʰél]
preparar (vt)	պատրաստել	[patrastél]
fritar (vt)	տապակել	[tapakél]
aquecer (vt)	տաքացնել	[takʰaʦʰnél]
salgar (vt)	աղ անել	[aġ anél]
apimentar (vt)	պղպեղ անել	[pġpéġ anél]
ralar (vt)	քերել	[kʰerél]
casca (f)	կլեպ	[klep]
descascar (vt)	կլպել	[klpel]

47. Especiarias

sal (m)	աղ	[aġ]
salgado (adj)	աղի	[aġí]
salgar (vt)	աղ անել	[aġ anél]
pimenta-do-reino (f)	սև պղպեղ	[sev pġpéġ]
pimenta (f) vermelha	կարմիր պղպեղ	[karmír pġpéġ]
mostarda (f)	մանանեխ	[mananéχ]
raiz-forte (f)	ծովաբողկ	[ʦovabóġk]
condimento (m)	համեմունք	[hamemúnkʰ]
especiaria (f)	համեմունք	[hamemúnkʰ]
molho (~ inglês)	սոուս	[soús]
vinagre (m)	քացախ	[kʰaʦʰáχ]
anis estrelado (m)	անիսոն	[anisón]
manjericão (m)	ռեհան	[rehán]
cravo (m)	մեխակ	[meχák]
gengibre (m)	իմբիր	[imbír]
coentro (m)	գինձ	[ginʣ]

canela (f)	դարչին	[darčín]
gergelim (m)	քնջութ	[kʰndʒutʰ]
folha (f) de louro	դափնու տերև	[dapʰnú terév]
páprica (f)	պապրիկա	[páprika]
cominho (m)	չաման	[čamán]
açafrão (m)	շաֆրան	[šafrán]

48. Refeições

comida (f)	կերակուր	[kerakúr]
comer (vt)	ուտել	[utél]
café (m) da manhã	նախաճաշ	[naχačáš]
tomar café da manhã	նախաճաշել	[naχačašél]
almoço (m)	ճաշ	[čaš]
almoçar (vi)	ճաշել	[čašél]
jantar (m)	ընթրիք	[əntʰríkʰ]
jantar (vi)	ընթրել	[əntʰrél]
apetite (m)	ախորժակ	[aχorʒák]
Bom apetite!	Բարի ախորժա՛կ	[barí aχorʒák]
abrir (~ uma lata, etc.)	բացել	[batsʰél]
derramar (~ líquido)	թափել	[tʰapʰél]
derramar-se (vr)	թափվել	[tʰapʰvél]
ferver (vi)	եռալ	[erál]
ferver (vt)	եռացնել	[eratsʰnél]
fervido (adj)	եռացրած	[eratsʰráts]
esfriar (vt)	սառեցնել	[saretsʰnél]
esfriar-se (vr)	սառեցվել	[saretsʰvél]
sabor, gosto (m)	համ	[ham]
fim (m) de boca	կողմնակի համ	[koġmnakí ham]
emagrecer (vi)	նիհարել	[niharél]
dieta (f)	սննդակարգ	[snndakárg]
vitamina (f)	վիտամին	[vitamín]
caloria (f)	կալորիա	[kalória]
vegetariano (m)	բուսակեր	[busakér]
vegetariano (adj)	բուսակերական	[busakerakán]
gorduras (f pl)	ճարպեր	[čarpér]
proteínas (f pl)	սպիտակուցներ	[spitakutsʰnér]
carboidratos (m pl)	ածխաջրեր	[atsχadʒrér]
fatia (~ de limão, etc.)	պատառ	[patár]
pedaço (~ de bolo)	կտոր	[ktor]
migalha (f), farelo (m)	փշուր	[pʰšur]

49. Por a mesa

colher (f)	գդալ	[gdal]
faca (f)	դանակ	[danák]

garfo (m)	պատառաքաղ	[patarakʰáġ]
xícara (f)	բաժակ	[baʒák]
prato (m)	ափսե	[apʰsé]
pires (m)	պնակ	[pnak]
guardanapo (m)	անձեռոցիկ	[andzerotsʰík]
palito (m)	ատամնափորիչ	[atamnapʰoríč]

50. Restaurante

restaurante (m)	ռեստորան	[restorán]
cafeteria (f)	սրճարան	[srčarán]
bar (m), cervejaria (f)	բար	[bar]
salão (m) de chá	թեյարան	[tʰejarán]
garçom (m)	մատուցող	[matutsʰóġ]
garçonete (f)	մատուցողուհի	[matutsʰoġuhí]
barman (m)	բարմեն	[barmén]
cardápio (m)	մենյու	[menjú]
lista (f) de vinhos	գինիների գրացանկ	[gininerí gratsʰánk]
reservar uma mesa	սեղան պատվիրել	[seġán patvirél]
prato (m)	ուտեստ	[utést]
pedir (vt)	պատվիրել	[patvirél]
fazer o pedido	պատվեր կատարել	[patvér katarél]
aperitivo (m)	ապերիտիվ	[aperitív]
entrada (f)	խորտիկ	[χortík]
sobremesa (f)	աղանդեր	[aġandér]
conta (f)	հաշիվ	[hašív]
pagar a conta	հաշիվը փակել	[hašívə pʰakél]
dar o troco	մանրը վերադարձնել	[mánrə veradartsnél]
gorjeta (f)	թեյափող	[tʰejapʰóġ]

Família, parentes e amigos

51. Informação pessoal. Formulários

nome (m)	անուն	[anún]
sobrenome (m)	ազգանուն	[azganún]
data (f) de nascimento	ծննդյան ամսաթիվ	[ʦnndján amsat^{h}ív]
local (m) de nascimento	ծննդավայր	[ʦnndavájr]
nacionalidade (f)	ազգություն	[azgut^{h}jún]
lugar (m) de residência	բնակության վայրը	[bnakut^{h}ján vájrə]
país (m)	երկիր	[erkír]
profissão (f)	մասնագիտություն	[masnagit^{h}jún]
sexo (m)	սեռ	[ser]
estatura (f)	հասակ	[hasák]
peso (m)	քաշ	[k^{h}aš]

52. Membros da família. Parentes

mãe (f)	մայր	[majr]
pai (m)	հայր	[hajr]
filho (m)	որդի	[vordí]
filha (f)	դուստր	[dustr]
caçula (f)	կրտսեր դուստր	[krtsér dústr]
caçula (m)	կրտսեր որդի	[krtsér vordí]
filha (f) mais velha	ավագ դուստր	[avág dústr]
filho (m) mais velho	ավագ որդի	[avág vordí]
irmão (m)	եղբայր	[eġbájr]
irmã (f)	քույր	[k^{h}ujr]
mamãe (f)	մայրիկ	[majrík]
papai (m)	հայրիկ	[hajrík]
pais (pl)	ծնողներ	[ʦnoġnér]
criança (f)	երեխա	[ereχá]
crianças (f pl)	երեխաներ	[ereχanér]
avó (f)	տատիկ	[tatík]
avô (m)	պապիկ	[papík]
neto (m)	թոռ	[t^{h}or]
neta (f)	թոռնուհի	[t^{h}ornuhí]
netos (pl)	թոռներ	[t^{h}ornér]
sobrinho (m)	քրոջորդի, քրոջ աղջիկ	[k^{h}roʤordí], [k^{h}roʤ aġʤík]
sobrinha (f)	եղբորորդի, եղբոր աղջիկ	[eġbordí, eġbór aġʤík]
sogra (f)	զոքանչ	[zok^{h}ánč]

sogro (m)	սկեսրայր	[skesrájr]
genro (m)	փեսա	[pʰesá]
madrasta (f)	խորթ մայր	[χortʰ majr]
padrasto (m)	խորթ հայր	[χortʰ hajr]
criança (f) de colo	ծծկեր երեխա	[ʦʦkér ereχá]
bebê (m)	մանուկ	[manúk]
menino (m)	պստիկ	[pstik]
mulher (f)	կին	[kin]
marido (m)	ամուսին	[amusín]
esposo (m)	ամուսին	[amusín]
esposa (f)	կին	[kin]
casado (adj)	ամուսնացած	[amusnaʦʰáʦ]
casada (adj)	ամուսնացած	[amusnaʦʰáʦ]
solteiro (adj)	ամուրի	[amurí]
solteirão (m)	ամուրի	[amurí]
divorciado (adj)	ամուսնալուծված	[amusnaluʦváʦ]
viúva (f)	այրի կին	[ajrí kin]
viúvo (m)	այրի տղամարդ	[ajrí tġamárd]
parente (m)	ազգական	[azgakán]
parente (m) próximo	մերձավոր ազգական	[merʣavór azgakán]
parente (m) distante	հեռավոր ազգական	[heravór azgakán]
parentes (m pl)	հարազատներ	[harazatnér]
órfão (m), órfã (f)	որբ	[vorb]
tutor (m)	խնամակալ	[χnamakál]
adotar (um filho)	որդեգրել	[vordegrél]
adotar (uma filha)	որդեգրել	[vordegrél]

53. Amigos. Colegas de trabalho

amigo (m)	ընկեր	[ənkér]
amiga (f)	ընկերուհի	[ənkeruhí]
amizade (f)	ընկերություն	[ənkerutʰjún]
ser amigos	ընկերություն անել	[ənkerutʰjún anél]
amigo (m)	բարեկամ	[barekám]
amiga (f)	բարեկամուհի	[barekamuhí]
parceiro (m)	գործընկեր	[gorʦənkér]
chefe (m)	շեֆ	[šef]
superior (m)	պետ	[pet]
subordinado (m)	ենթակա	[entʰaká]
colega (m, f)	գործընկեր	[gorʦənkér]
conhecido (m)	ծանոթ	[ʦanótʰ]
companheiro (m) de viagem	ուղեկից	[uġekíʦʰ]
colega (m) de classe	համադասարանցի	[hamadasaranʦʰí]
vizinho (m)	հարևան	[harevàn]
vizinha (f)	հարևանուհի	[harevanuhí]
vizinhos (pl)	հարևաններ	[harevannér]

54. Homem. Mulher

mulher (f)	կին	[kin]
menina (f)	օրիորդ	[oriórd]
noiva (f)	հարսնացու	[harsnatsʰú]
bonita, bela (adj)	գեղեցիկ	[geġetsʰík]
alta (adj)	բարձրահասակ	[bardzrahasák]
esbelta (adj)	նրբակազմ	[nrbakázm]
baixa (adj)	ցածրահասակ	[tsʰatsrahasák]
loira (f)	շիկահեր կին	[šikahér kin]
morena (f)	թխահեր կին	[tʰχahér kín]
de senhora	կանացի	[kanatsʰí]
virgem (f)	կույս	[kujs]
grávida (adj)	հղի	[hġi]
homem (m)	տղամարդ	[tġamárd]
loiro (m)	շիկահեր տղամարդ	[šikahér tġamárd]
moreno (m)	թխահեր տղամարդ	[tʰχahér tġamárd]
alto (adj)	բարձրահասակ	[bardzrahasák]
baixo (adj)	ցածրահասակ	[tsʰatsrahasák]
rude (adj)	կոպիտ	[kopít]
atarracado (adj)	ամրակազմ	[amrakázm]
robusto (adj)	ամրակազմ	[amrakázm]
forte (adj)	ուժեղ	[uʒéġ]
força (f)	ուժ	[uʒ]
gordo (adj)	գեր	[ger]
moreno (adj)	թուխ	[tʰuχ]
esbelto (adj)	բարեկազմ	[barekázm]
elegante (adj)	նրբագեղ	[nrbagéġ]

55. Idade

idade (f)	տարիք	[taríkʰ]
juventude (f)	պատանեկություն	[patanekutʰjún]
jovem (adj)	երիտասարդ	[eritasárd]
mais novo (adj)	փոքր	[pʰokʰr]
mais velho (adj)	մեծ	[mets]
jovem (m)	պատանի	[pataní]
adolescente (m)	դեռահաս	[derahás]
rapaz (m)	երիտասարդ	[eritasárd]
velho (m)	ծերունի	[tseruní]
velha (f)	պառավ	[paráv]
adulto	մեծահասակ	[metsahasák]
de meia-idade	միջին տարիքի	[midʒín tarikʰí]

idoso, de idade (adj)	տարեց	[tarétsʰ]
velho (adj)	ծեր	[tser]
aposentadoria (f)	թոշակ	[tʰošák]
aposentar-se (vr)	թոշակի գնալ	[tʰošakí gnál]
aposentado (m)	թոշակառու	[tʰošakarú]

56. Crianças

criança (f)	երեխա	[ereχá]
crianças (f pl)	երեխաներ	[ereχanér]
gêmeos (m pl), gêmeas (f pl)	երկվորյակներ	[erkvorjaknér]
berço (m)	օրորոց	[ororótsʰ]
chocalho (m)	չխչխկան խաղալիք	[čχčχkán χaġalíkʰ]
fralda (f)	տակդիր	[takdír]
chupeta (f), bico (m)	ծծակ	[tstsak]
carrinho (m) de bebê	մանկասայլակ	[mankasajlák]
jardim (m) de infância	մանկապարտեզ	[mankapartéz]
babysitter, babá (f)	դայակ	[daják]
infância (f)	մանկություն	[mankutʰjún]
boneca (f)	տիկնիկ	[tikník]
brinquedo (m)	խաղալիք	[χaġalíkʰ]
jogo (m) de montar	կոնստրուկտոր	[konstruktór]
bem-educado (adj)	դաստիարակված	[dastiarakváts]
malcriado (adj)	անդաստիարակ	[andastiarák]
mimado (adj)	երես առած	[erés aráts]
ser travesso	չարաճճիություն անել	[čaračəčiutʰjún anél]
travesso, traquinas (adj)	չարաճճի	[čaračəčí]
travessura (f)	չարաճճիություն	[čaračəčiutʰjún]
criança (f) travessa	չարաճճի	[čaračəčí]
obediente (adj)	լսող	[lsoġ]
desobediente (adj)	չլսող	[člsoġ]
dócil (adj)	խելամիտ	[χelamít]
inteligente (adj)	խելացի	[χelatsʰí]
prodígio (m)	հրաշամանուկ	[hrašamanúk]

57. Casais. Vida de família

beijar (vt)	համբուրել	[hamburél]
beijar-se (vr)	համբուրվել	[hamburvél]
família (f)	ընտանիք	[əntaníkʰ]
familiar (vida ~)	ընտանեկան	[əntanekán]
casal (m)	զույգ	[zujg]
matrimônio (m)	ամուսնություն	[amusnutʰjún]
lar (m)	ընտանեկան օջախ	[əntanekán odʒáχ]

dinastia (f)	ցեղ	[tsʰeġ]
encontro (m)	ժամադրություն	[ʒamadrutʰjún]
beijo (m)	համբույր	[hambújr]
amor (m)	սեր	[ser]
amar (pessoa)	սիրել	[sirél]
amado, querido (adj)	սիրած	[siráts]
ternura (f)	քնքշանք	[knkšankʰ]
afetuoso (adj)	քնքուշ	[kʰnkʰuš]
fidelidade (f)	հավատարմություն	[havatarmutʰjún]
fiel (adj)	հավատարիմ	[havatarím]
cuidado (m)	հոգատարություն	[hogatarutʰjún]
carinhoso (adj)	հոգատար	[hogatár]
recém-casados (pl)	նորապսակներ	[norapsaknér]
lua (f) de mel	մեղրամիս	[meġramís]
casar-se (com um homem)	ամուսնանալ	[amusnanál]
casar-se (com uma mulher)	ամուսնանալ	[amusnanál]
casamento (m)	հարսանիք	[harsaníkʰ]
bodas (f pl) de ouro	ոսկե հարսանիք	[voské harsaníkʰ]
aniversário (m)	տարեդարձ	[taredárdz]
amante (m)	սիրեկան	[sirekán]
amante (f)	սիրուհի	[siruhí]
adultério (m), traição (f)	դավաճանություն	[davačanutʰjún]
cometer adultério	դավաճանել	[davačanél]
ciumento (adj)	խանդոտ	[χandót]
ser ciumento, -a	խանդել	[χandél]
divórcio (m)	ամուսնալուծություն	[amusnalutsutʰjún]
divorciar-se (vr)	ամուսնալուծվել	[amusnalutsvél]
brigar (discutir)	վիճել	[vičél]
fazer as pazes	հաշտվել	[haštvél]
juntos (ir ~)	միասին	[miasín]
sexo (m)	սեքս	[sekʰs]
felicidade (f)	երջանկություն	[erdʒankutʰjún]
feliz (adj)	երջանիկ	[erdʒaník]
infelicidade (f)	դժբախտություն	[dʒbaχtutʰjún]
infeliz (adj)	դժբախտ	[dʒbaχt]

Caráter. Sentimentos. Emoções

58. Sentimentos. Emoções

sentimento (m)	զգացմունք	[zgaʦʰmúnkʰ]
sentimentos (m pl)	զգացմունքներ	[zgaʦʰmunkʰnér]
sentir (vt)	զգալ	[zgal]
fome (f)	սով	[sov]
ter fome	ուզենալ ուտել	[uzenál utél]
sede (f)	պապակ	[papák]
ter sede	ուզենալ խմել	[uzenál χmel]
sonolência (f)	քնկոտություն	[kʰnkotutʰjún]
estar sonolento	ուզենալ քնել	[uzenál kʰnel]
cansaço (m)	հոգնածություն	[hognaʦutʰjún]
cansado (adj)	հոգնած	[hognáʦ]
ficar cansado	հոգնել	[hognél]
humor (m)	տրամադրություն	[tramadrutʰjún]
tédio (m)	ձանձրույթ	[ʣanʣrújtʰ]
reclusão (isolamento)	մեկուսացում	[mekusaʦʰúm]
isolar-se (vr)	մեկուսանալ	[mekusanál]
preocupar (vt)	անհանգստացնել	[anhangstaʦʰnél]
estar preocupado	անհանգստանալ	[anhangstanál]
preocupação (f)	անհանգստություն	[anhangstutʰjún]
ansiedade (f)	անհանգստություն	[anhangstutʰjún]
preocupado (adj)	մտահոգված	[mtahogváʦ]
estar nervoso	նյարդայնանալ	[njardajnanál]
entrar em pânico	խուճապի մեջ ընկնել	[χučapí meʤ ənknél]
esperança (f)	հույս	[hujs]
esperar (vt)	հուսալ	[husál]
certeza (f)	վստահություն	[vstahutʰjún]
certo, seguro de ...	վստահ	[vstah]
indecisão (f)	անվստահություն	[anvstahutʰjún]
indeciso (adj)	անվստահ	[anvstáh]
bêbado (adj)	հարբած	[harbáʦ]
sóbrio (adj)	զգոն	[zgon]
fraco (adj)	թույլ	[tʰujl]
feliz (adj)	հաջողակ	[haʤoġák]
assustar (vt)	վախեցնել	[vaχeʦʰnél]
fúria (f)	կատաղություն	[kataġutʰjún]
ira, raiva (f)	կատաղություն	[kataġutʰjún]
depressão (f)	դեպրեսիա	[deprésia]
desconforto (m)	դիսկոմֆորտ	[diskomfórt]

conforto (m)	կոմֆորտ	[komfórt]
arrepender-se (vr)	ափսոսալ	[apʰsosál]
arrependimento (m)	ափսոսանք	[apʰsosánkʰ]
azar (m), má sorte (f)	անհաջողակություն	[anhaʤoġakutʰjún]
tristeza (f)	վիշտ	[višt]
vergonha (f)	ամոթ	[amótʰ]
alegria (f)	ուրախություն	[uraχutʰjún]
entusiasmo (m)	խանդավառություն	[χandavarutʰjún]
entusiasta (m)	խանդավառ անձ	[χandavár anʣ]
mostrar entusiasmo	խանդավառություն ցուցաբերել	[χandavarutʰjún ʦʰuʦʰaberél]

59. Caráter. Personalidade

caráter (m)	բնավորություն	[bnavorutʰjún]
falha (f) de caráter	թերություն	[tʰerutʰjún]
mente, razão (f)	խելք	[χelkʰ]
consciência (f)	խիղճ	[χiġč]
hábito, costume (m)	սովորություն	[sovorutʰjún]
habilidade (f)	ընդունակություն	[əndunakutʰjún]
saber (~ nadar, etc.)	կարողանալ	[karoġanál]
paciente (adj)	համբերատար	[hamberatár]
impaciente (adj)	անհամբեր	[anhambér]
curioso (adj)	հետաքրքրասեր	[hetakʰrkʰrasér]
curiosidade (f)	հետաքրքրասիրություն	[hetakʰrkʰrasirutʰjún]
modéstia (f)	համեստություն	[hamestutʰjún]
modesto (adj)	համեստ	[hamést]
imodesto (adj)	անհամեստ	[anhamést]
preguiça (f)	ծուլություն	[ʦulutʰjún]
preguiçoso (adj)	ծույլ	[ʦujl]
preguiçoso (m)	ծույլիկ	[ʦujlík]
astúcia (f)	խորամանկություն	[χoramankutʰjún]
astuto (adj)	խորամանկ	[χoramánk]
desconfiança (f)	անվստահություն	[anvstahutʰjún]
desconfiado (adj)	անվստահ	[anvstáh]
generosidade (f)	ձեռնառատություն	[ʣernaratutʰjún]
generoso (adj)	ձեռնառատ	[ʣernarát]
talentoso (adj)	տաղանդավոր	[taġandavór]
talento (m)	տաղանդ	[taġánd]
corajoso (adj)	համարձակ	[hamarʣák]
coragem (f)	համարձակություն	[hamarʣakutʰjún]
honesto (adj)	ազնիվ	[aznív]
honestidade (f)	ազնվություն	[aznvutʰjún]
prudente, cuidadoso (adj)	զգույշ	[zgujš]
valoroso (adj)	խիզախ	[χizáχ]

sério (adj)	լուրջ	[lurʤ]
severo (adj)	խիստ	[χist]
decidido (adj)	վճռական	[včrakán]
indeciso (adj)	անորոշ	[anoróš]
tímido (adj)	երկչոտ	[erkčót]
timidez (f)	երկչոտություն	[erkčotutʰjún]
confiança (f)	վստահություն	[vstahutʰjún]
confiar (vt)	վստահել	[vstahél]
crédulo (adj)	դյուրահավատ	[djurahavát]
sinceramente	անկեղծ	[ankéġʦ]
sincero (adj)	անկեղծ	[ankéġʦ]
sinceridade (f)	անկեղծություն	[ankeġʦutʰjún]
aberto (adj)	սրտաբաց	[srtabáʦʰ]
calmo (adj)	հանգիստ	[hangíst]
franco (adj)	անկեղծ	[ankéġʦ]
ingênuo (adj)	միամիտ	[miamít]
distraído (adj)	ցրված	[ʦʰrvaʦ]
engraçado (adj)	զվարճալի	[zvarčalí]
ganância (f)	ագահություն	[agahutʰjún]
ganancioso (adj)	ագահ	[agáh]
avarento, sovina (adj)	ժլատ	[ʒlat]
mal (adj)	չար	[čar]
teimoso (adj)	կամակոր	[kamakór]
desagradável (adj)	տհաճ	[thač]
egoísta (m)	եսասեր	[esasér]
egoísta (adj)	եսասեր	[esasér]
covarde (m)	վախկոտ	[vaχkót]
covarde (adj)	վախկոտ	[vaχkót]

60. O sono. Sonhos

dormir (vi)	քնել	[kʰnel]
sono (m)	քուն	[kʰun]
sonho (m)	երազ	[eráz]
sonhar (ver sonhos)	երազներ տեսնել	[eraznér tesnél]
sonolento (adj)	քնաթաթախ	[kʰnatʰatʰáχ]
cama (f)	մահճակալ	[mahčakál]
colchão (m)	ներքնակ	[nerkʰnák]
cobertor (m)	վերմակ	[vermák]
travesseiro (m)	բարձ	[barʣ]
lençol (m)	սավան	[saván]
insônia (f)	անքնություն	[ankʰnutʰjún]
sem sono (adj)	անքուն	[ankʰún]
sonífero (m)	քնաբեր դեղ	[kʰnabér déġ]
tomar um sonífero	քնաբեր ընդունել	[kʰnabér əndunél]
estar sonolento	ուզենալ քնել	[uzenál kʰnel]

bocejar (vi)	հորանջել	[horanʤél]
ir para a cama	գնալ քնելու	[gnal kʰnelú]
fazer a cama	անկողին գցել	[ankoġín gʦʰél]
adormecer (vi)	քնել	[kʰnel]
pesadelo (m)	մղձավանջ	[mġʣavánʤ]
ronco (m)	խռմփոց	[χrmpʰoʦʰ]
roncar (vi)	խռմփացնել	[χrmpʰaʦʰnél]
despertador (m)	զարթուցիչ	[zartʰuʦʰíč]
acordar, despertar (vt)	արթնացնել	[artʰnaʦʰnél]
acordar (vi)	զարթնել	[zartʰnél]
levantar-se (vr)	վեր կենալ	[ver kenál]
lavar-se (vr)	լվացվել	[lvaʦʰvél]

61. Humor. Riso. Alegria

humor (m)	հումոր	[humór]
senso (m) de humor	զգացմունք	[zgaʦʰmúnkʰ]
divertir-se (vr)	զվարճանալ	[zvarčanál]
alegre (adj)	զվարճալի	[zvarčalí]
diversão (f)	զվարճություն	[zvarčutʰjún]
sorriso (m)	ժպիտ	[ʒpit]
sorrir (vi)	ժպտալ	[ʒptal]
começar a rir	ծիծաղել	[ʦiʦaġél]
rir (vi)	ծիծաղել	[ʦiʦaġél]
riso (m)	ծիծաղ	[ʦiʦáġ]
anedota (f)	անեկդոտ	[anekdót]
engraçado (adj)	ծիծաղելի	[ʦiʦaġelí]
ridículo, cômico (adj)	ծիծաղելի	[ʦiʦaġelí]
brincar (vi)	կատակել	[katakél]
piada (f)	կատակ	[katák]
alegria (f)	ուրախություն	[uraχutʰjún]
regozijar-se (vr)	ուրախանալ	[uraχanál]
alegre (adj)	ուրախալի	[uraχalí]

62. Discussão, conversação. Parte 1

comunicação (f)	շփում	[špʰum]
comunicar-se (vr)	շփվել	[špʰvel]
conversa (f)	խոսակցություն	[χosaktʰutʰjún]
diálogo (m)	երկխոսություն	[erkχosutʰjún]
discussão (f)	վիճաբանություն	[vičabanutʰjún]
debate (m)	վիճաբանություն	[vičabanutʰjún]
debater (vt)	վիճել	[vičél]
interlocutor (m)	զրուցակից	[zruʦʰakíʦʰ]
tema (m)	թեմա	[tʰemá]

ponto (m) de vista	տեսակետ	[tesakét]
opinião (f)	կարծիք	[kartsíkʰ]
discurso (m)	ելույթ	[elújtʰ]
discussão (f)	քննարկում	[kʰnnarkúm]
discutir (vt)	քննարկել	[kʰnnarkél]
conversa (f)	զրույց	[zrujtsʰ]
conversar (vi)	զրուցել	[zrutsʰél]
reunião (f)	հանդիպում	[handipúm]
encontrar-se (vr)	հանդիպել	[handipél]
provérbio (m)	առած	[aráts]
ditado, provérbio (m)	ասացված	[asatsʰvátsk]
adivinha (f)	հանելուկ	[hanelúk]
dizer uma adivinha	հանելուկ ասել	[hanelúk asél]
senha (f)	նշանաբառ	[nšanabár]
segredo (m)	գաղտնիք	[gaġtníkʰ]
juramento (m)	երդում	[erdúm]
jurar (vi)	երդվել	[erdvél]
promessa (f)	խոստում	[χostúm]
prometer (vt)	խոստանալ	[χostanál]
conselho (m)	խորհուրդ	[χorhúrd]
aconselhar (vt)	խորհուրդ տալ	[χorhúrd tal]
escutar (~ os conselhos)	հետևել	[hetevél]
novidade, notícia (f)	նորություն	[norutʰjún]
sensação (f)	սենսացիա	[sensátsʰia]
informação (f)	տեղեկություններ	[teġekutʰjunnér]
conclusão (f)	եզրակացություն	[ezrakatsʰutʰjún]
voz (f)	ձայն	[dzajn]
elogio (m)	հաճոյախոսություն	[hačojaχosutʰjún]
amável, querido (adj)	սիրալիր	[siralír]
palavra (f)	բառ	[bar]
frase (f)	նախադասություն	[naχadasutʰjún]
resposta (f)	պատասխան	[patasχán]
verdade (f)	ճշմարտություն	[čšmartutʰjún]
mentira (f)	սուտ	[sut]
pensamento (m)	միտք	[mitkʰ]
ideia (f)	գաղափար	[gaġapʰár]
fantasia (f)	մտացածին	[mtatsʰatsín]

63. Discussão, conversação. Parte 2

estimado, respeitado (adj)	հարգելի	[hargelí]
respeitar (vt)	հարգել	[hargél]
respeito (m)	հարգանք	[hargánkʰ]
Estimado ..., Caro ...	Հարգարժան ...	[hargarʒán ...]
apresentar (alguém a alguém)	ծանոթացնել	[tsanotʰatsʰnél]

intenção (f) — մտադրություն — [mtadrutʰjún]
tencionar (~ fazer algo) — մտադրություն ունենալ — [mtadrutʰjún unenál]
desejo (de boa sorte) — ցանկություն — [tsʰankutʰjún]
desejar (ex. ~ boa sorte) — ցանկանալ — [tsʰankanál]

surpresa (f) — զարմանք — [zarmánkʰ]
surpreender (vt) — զարմացնել — [zarmatsʰnél]
surpreender-se (vr) — զարմանալ — [zarmanál]

dar (vt) — տալ — [tal]
pegar (tomar) — վերցնել — [vertsʰnél]
devolver (vt) — վերադարձնել — [veradardznél]
retornar (vt) — ետ տալ — [et tal]

desculpar-se (vr) — ներողություն խնդրել — [neroġutʰjún χndrél]
desculpa (f) — ներողություն — [neroġutʰjún]
perdoar (vt) — ներել — [nerél]

falar (vi) — խոսել — [χosél]
escutar (vt) — լսել — [lsel]
ouvir até o fim — լսել — [lsel]
entender (compreender) — հասկանալ — [haskanál]

mostrar (vt) — ցույց տալ — [tsʰújtsʰ tal]
olhar para ... — նայել — [naél]
chamar (alguém para ...) — կանչել — [kančél]
perturbar (vt) — խանգարել — [χangarél]
entregar (~ em mãos) — փոխանցել — [pʰoχantsʰél]

pedido (m) — խնդրանք — [χndrankʰ]
pedir (ex. ~ ajuda) — խնդրել — [χndrel]
exigência (f) — պահանջ — [pahándʒ]
exigir (vt) — պահանջել — [pahandʒél]

insultar (chamar nomes) — ձեռք առնել — [dzérkʰ arnél]
zombar (vt) — ծաղրել — [tsaġrél]
zombaria (f) — ծաղր — [tsaġr]
alcunha (f), apelido (m) — մականուն — [makanún]

insinuação (f) — ակնարկ — [aknárk]
insinuar (vt) — ակնարկել — [aknarkél]
querer dizer — նկատի ունենալ — [nkatí unenál]

descrição (f) — նկարագրություն — [nkaragrutʰjún]
descrever (vt) — նկարագրել — [nkaragrél]
elogio (m) — գովեստ — [govést]
elogiar (vt) — գովալ — [govál]

desapontamento (m) — հուսախաբություն — [husaχabutʰjún]
desapontar (vt) — հուսախաբ անել — [husaχáb anél]
desapontar-se (vr) — հուսախաբ լինել — [husaχáb linél]

suposição (f) — ենթադրություն — [entʰadrutʰjún]
supor (vt) — ենթադրել — [entʰadrél]
advertência (f) — նախազգուշացում — [naχazgušatsʰúm]
advertir (vt) — նախազգուշացնել — [naχazgušatsʰnél]

64. Discussão, conversação. Parte 3

convencer (vt)	համոզել	[hamozél]
acalmar (vt)	հանգստացնել	[hangstatsʰnél]
silêncio (o ~ é de ouro)	լռություն	[lrutʰjún]
ficar em silêncio	լռել	[lrel]
sussurrar (vt)	փսփսալ	[pʰəspʰəsál]
sussurro (m)	փսփսոց	[pʰspsʰótsʰ]
francamente	անկեղծ	[ankéģts]
na minha opinião ...	իմ կարծիքով ...	[ím kartsikʰóv ...]
detalhe (~ da história)	մանրամասնություն	[manramasnutʰjún]
detalhado (adj)	մանրամասն	[manramásn]
detalhadamente	մանրամասն	[manramásn]
dica (f)	հուշում	[hušúm]
dar uma dica	հուշել	[hušél]
olhar (m)	հայացք	[hajátsʰkʰ]
dar uma olhada	հայացք գցել	[hajátsʰkʰ gtsʰél]
fixo (olhada ~a)	սառած	[saráts]
piscar (vi)	թարթել	[tʰartʰél]
piscar (vt)	աչքով անել	[ačkʰóv anél]
acenar com a cabeça	գլխով անել	[glχóv anél]
suspiro (m)	հոգոց	[hogótsʰ]
suspirar (vi)	հոգոց հանել	[hogótsʰ hanél]
estremecer (vi)	ցնցվել	[tsʰntsʰvél]
gesto (m)	ժեստ	[ʒest]
tocar (com as mãos)	դիպչել	[dipčél]
agarrar (~ pelo braço)	բռնել	[brnel]
bater de leve	խփել	[χpʰel]
Cuidado!	Զգուշացի՛ր	[zgušatsʰír!]
Sério?	Մի՞թե	[mítʰe?]
Tem certeza?	Համոզվա՞ծ ես	[hamozváts es?]
Boa sorte!	Հաջողությու՛ն	[hadʒoģutʰjún!]
Entendi!	Պա՛րզ է	[parz ē!]
Que pena!	Ափսո՛ս	[apʰsós!]

65. Acordo. Recusa

consentimento (~ mútuo)	համաձայնություն	[hamadzajnutʰjún]
consentir (vi)	համաձայնվել	[hamadzajnvél]
aprovação (f)	հավանություն	[havanutʰjún]
aprovar (vt)	հավանություն տալ	[havanutʰjún tál]
recusa (f)	հրաժարում	[hraʒarúm]
negar-se a ...	հրաժարվել	[hraʒarvél]
Ótimo!	Հոյակա՛պ է	[hojakáp ē!]
Tudo bem!	Լա՛վ	[lav!]

Está bem! De acordo!	Լա՛վ	[lav!]
proibido (adj)	արգելված	[argelváʦ]
é proibido	չի կարելի	[či karelí]
é impossível	անհնարին է	[anhēnarín ē]
incorreto (adj)	սխալ	[sχal]
rejeitar (~ um pedido)	մերժել	[merʒél]
apoiar (vt)	պաշտպանել	[paštpanél]
aceitar (desculpas, etc.)	ընդունել	[əndunvél]
confirmar (vt)	հաստատել	[hastatél]
confirmação (f)	հաստատում	[hastatúm]
permissão (f)	թույլտվություն	[tʰujltvutʰjún]
permitir (vt)	թույլատրել	[tʰujlatrél]
decisão (f)	որոշում	[vorošúm]
não dizer nada	լռել	[lrel]
condição (com uma ~)	պայման	[pajmán]
pretexto (m)	պատրվակ	[patrvák]
elogio (m)	գովեստ	[govést]
elogiar (vt)	գովել	[govél]

66. Sucesso. Boa sorte. Insucesso

êxito, sucesso (m)	հաջողություն	[haʤoġutʰjún]
com êxito	հաջող	[haʤóġ]
bem sucedido (adj)	հաջողակ	[haʤoġák]
sorte (fortuna)	հաջողություն	[haʤoġutʰjún]
Boa sorte!	Հաջողությո՛ւն	[haʤoġutʰjún!]
de sorte	հաջող	[haʤóġ]
sortudo, felizardo (adj)	հաջողակ	[haʤoġák]
fracasso (m)	անհաջողություն	[anhaʤoġutʰjún]
pouca sorte (f)	ձախողություն	[ʣaχoġutʰjún]
azar (m), má sorte (f)	անհաջողակություն	[anhaʤoġakutʰjún]
mal sucedido (adj)	անհաջող	[anhaʤóġ]
catástrofe (f)	աղետ	[aġét]
orgulho (m)	հպարտություն	[hpartutʰjún]
orgulhoso (adj)	հպարտ	[hpart]
estar orgulhoso, -a	հպարտանալ	[hpartanál]
vencedor (m)	հաղթող	[haġtʰóġ]
vencer (vi, vt)	հաղթել	[haġtʰél]
perder (vt)	պարտվել	[partvél]
tentativa (f)	փորձ	[pʰorʣ]
tentar (vt)	փորձել	[pʰorʣél]
chance (m)	շանս	[šans]

67. Conflitos. Emoções negativas

grito (m)	ճիչ	[čič]
gritar (vi)	բղավել	[bġavél]

começar a gritar	ճչալ	[čəčál]
discussão (f)	վեճ	[več]
brigar (discutir)	վիճել	[vičél]
escândalo (m)	աղմկահարություն	[aġmkaharutʰjún]
criar escândalo	աղմկահարել	[aġmkaharél]
conflito (m)	ընդհարում	[əndharúm]
mal-entendido (m)	թյուրիմացություն	[tʰjurimaʦʰutʰjún]
insulto (m)	վիրավորանք	[viravoránkʰ]
insultar (vt)	վիրավորել	[viravorél]
insultado (adj)	վիրավորված	[viravorváʦ]
ofensa (f)	վիրավորանք	[viravoránkʰ]
ofender (vt)	վիրավորել	[viravorél]
ofender-se (vr)	վիրավորվել	[viravorvél]
indignação (f)	վրդովմունք	[vrdovmúnkʰ]
indignar-se (vr)	վրդովվել	[vrdovvél]
queixa (f)	բողոք	[boġókʰ]
queixar-se (vr)	բողոքել	[boġokʰél]
desculpa (f)	ներողություն	[neroġutʰjún]
desculpar-se (vr)	ներողություն խնդրել	[neroġutʰjún χndrél]
pedir perdão	ներողություն խնդրել	[neroġutʰjún χndrél]
crítica (f)	քննադատություն	[kʰnnadatutʰjún]
criticar (vt)	քննադատել	[kʰnnadatél]
acusação (f)	մեղադրանք	[meġadránkʰ]
acusar (vt)	մեղադրել	[meġadrél]
vingança (f)	վրեժ	[vreʒ]
vingar (vt)	վրեժ լուծել	[vreʒ luʦél]
vingar-se de	վրեժ լուծել	[vreʒ luʦél]
desprezo (m)	արհամարանք	[arhamaránkʰ]
desprezar (vt)	արհամարհել	[arhamarhél]
ódio (m)	ատելություն	[atelutʰjún]
odiar (vt)	ատել	[atél]
nervoso (adj)	նյարդային	[njardajín]
estar nervoso	նյարդայնանալ	[njardajnanál]
zangado (adj)	բարկացած	[barkaʦʰáʦ]
zangar (vt)	բարկացնել	[barkaʦʰnél]
humilhação (f)	ստորացում	[storaʦʰúm]
humilhar (vt)	ստորացնել	[storaʦʰnél]
humilhar-se (vr)	ստորանալ	[storanál]
choque (m)	ցնցահարում	[ʦʰnʦʰaharúm]
chocar (vt)	ցնցահարել	[ʦʰnʦʰaharél]
aborrecimento (m)	անախորժություն	[anaχorʒutʰjún]
desagradável (adj)	տհաճ	[thač]
medo (m)	վախ	[vaχ]
terrível (tempestade, etc.)	սարսափելի	[sarsapʰelí]
assustador (ex. história ~a)	վախենալի	[vaχenalí]

horror (m)	սարսափ	[sarsáp^h]
horrível (crime, etc.)	սոսկալի	[soskalí]
chorar (vi)	լացել	[lats^{h}él]
começar a chorar	լաց լինել	[lats^h linél]
lágrima (f)	արցունք	[arts^{h}únk^h]
falta (f)	մեղք	[meġk^h]
culpa (f)	մեղք	[meġk^h]
desonra (f)	խայտառակություն	[χajtarakut^{h}jún]
protesto (m)	բողոք	[boġók^h]
estresse (m)	սթրես	[st^{h}res]
perturbar (vt)	անհանգստացնել	[anhangstats^{h}nél]
zangar-se com ...	զայրանալ	[zajranál]
zangado (irritado)	զայրացած	[zajrats^{h}áts]
terminar (vt)	դադարեցնել	[dadarets^{h}nél]
praguejar	հայհոյել	[hajhojél]
assustar-se	վախենալ	[vaχenál]
golpear (vt)	հարվածել	[harvatsél]
brigar (na rua, etc.)	կռվել	[krvel]
resolver (o conflito)	կարգավորել	[kargavorél]
descontente (adj)	դժգոհ	[dʒgoh]
furioso (adj)	կատաղի	[kataġí]
Não está bem!	Լա՛վ չէ	[lav čē!]
É ruim!	Վա՛տ է	[vat ē!]

Medicina

68. Doenças

doença (f)	հիվանդություն	[hivandutʰjún]
estar doente	հիվանդ լինել	[hivánd linél]
saúde (f)	առողջություն	[aroġʤutʰjún]
nariz (m) escorrendo	հարբուխ	[harbúχ]
amigdalite (f)	անգինա	[angína]
resfriado (m)	մրսածություն	[mrsatsutʰjún]
ficar resfriado	մրսել	[mrsel]
bronquite (f)	բրոնխիտ	[bronχít]
pneumonia (f)	թոքերի բորբոքում	[tʰokʰerí borbokʰúm]
gripe (f)	գրիպ	[grip]
míope (adj)	կարճատես	[karčatés]
presbita (adj)	հեռատես	[herahós]
estrabismo (m)	շլություն	[šlutʰjún]
estrábico, vesgo (adj)	շլաչք	[šlačkʰ]
catarata (f)	կատարակտա	[katarákta]
glaucoma (m)	գլաուկոմա	[glaukóma]
AVC (m), apoplexia (f)	ուղեղի կաթված	[uġeġí katʰváts]
ataque (m) cardíaco	ինֆարկտ	[infárkt]
enfarte (m) do miocárdio	սրտամկանի կաթված	[srtamkaní katʰváts]
paralisia (f)	կաթված	[katʰváts]
paralisar (vt)	կաթվածել	[katʰvatsél]
alergia (f)	ալերգիա	[alergía]
asma (f)	ասթմա	[astʰmá]
diabetes (f)	շաքարախտ	[šakʰaráχt]
dor (f) de dente	ատամնացավ	[atamnatsʰáv]
cárie (f)	կարիես	[karíes]
diarreia (f)	լույծ	[lujts]
prisão (f) de ventre	փորկապություն	[pʰorkaputʰjún]
desarranjo (m) intestinal	ստամոքսի խանգարում	[stamokʰsí χangarúm]
intoxicação (f) alimentar	թունավորում	[tʰunavorúm]
intoxicar-se	թունավորվել	[tʰunavorvél]
artrite (f)	հոդի բորբոքում	[hodí borbokʰúm]
raquitismo (m)	ռախիտ	[raχít]
reumatismo (m)	հոդացավ	[hodatsʰáv]
arteriosclerose (f)	աթերոսկլերոզ	[atʰeroskleróz]
gastrite (f)	գաստրիտ	[gastrít]
apendicite (f)	ապենդիցիտ	[apenditsʰít]

colecistite (f)	խոլեցիստիտ	[χoleʦʰistít]
úlcera (f)	խոց	[χoʦʰ]
sarampo (m)	կարմրուկ	[karmrúk]
rubéola (f)	կարմրախտ	[karmráχt]
icterícia (f)	դեղնախ	[deġnáχ]
hepatite (f)	հեպատիտ	[hepatít]
esquizofrenia (f)	շիզոֆրենիա	[šizofrenía]
raiva (f)	կատաղություն	[kataġutʰjún]
neurose (f)	նևրոզ	[nevróz]
contusão (f) cerebral	ուղեղի ցնցում	[uġeġí ʦʰnʦʰúm]
câncer (m)	քաղծկեղ	[kʰaġʦkéġ]
esclerose (f)	կարծրախտ	[karʦráχt]
esclerose (f) múltipla	ցրված կարծրախտ	[ʦʰrváʦ karʦráχt]
alcoolismo (m)	հարբեցողություն	[harbeʦʰoġutʰjún]
alcoólico (m)	հարբեցող	[harbeʦʰóġ]
sífilis (f)	սիֆիլիս	[sifilís]
AIDS (f)	ՁԻԱՀ	[ʣiáh]
tumor (m)	ուռուցք	[urúʦʰkʰ]
maligno (adj)	չարորակ	[čarorák]
benigno (adj)	բարորակ	[barorák]
febre (f)	տենդ	[tend]
malária (f)	մալարիա	[malaría]
gangrena (f)	փտախտ	[pʰtaχt]
enjoo (m)	ծովային հիվանդություն	[ʦovajín hivandutʰjún]
epilepsia (f)	ընկնավորություն	[ənknavorutʰjún]
epidemia (f)	համաճարակ	[hamačarák]
tifo (m)	տիֆ	[tif]
tuberculose (f)	պալարախտ	[palaráχt]
cólera (f)	խոլերա	[χoléra]
peste (f) bubônica	ժանտախտ	[ʒantáχt]

69. Sintomas. Tratamentos. Parte 1

sintoma (m)	նախանշան	[naχanšán]
temperatura (f)	ջերմաստիճան	[ʤermastičán]
febre (f)	բարձր ջերմաստիճան	[bárʣr ʤermastičán]
pulso (m)	զարկերակ	[zarkerák]
vertigem (f)	գլխապտույտ	[glχaptújt]
quente (testa, etc.)	տաք	[takʰ]
calafrio (m)	դողէրոցք	[doġēróʦʰkʰ]
pálido (adj)	գունատ	[gunát]
tosse (f)	հազ	[haz]
tossir (vi)	հազալ	[hazál]
espirrar (vi)	փռշտալ	[pʰrštal]
desmaio (m)	ուշագնացություն	[ušagnaʦʰutʰjún]

desmaiar (vi) — ուշագնաց լինել — [ušagnátsʰ linél]
mancha (f) preta — կապտուկ — [kaptúk]
galo (m) — ուռուցք — [urútsʰkʰ]
machucar-se (vr) — խփվել — [χpʰvel]
contusão (f) — վնասվածք — [vnasvátskʰ]
machucar-se (vr) — վնասվածք ստանալ — [vnasvátskʰ stanál]

mancar (vi) — կաղալ — [kaġál]
deslocamento (f) — հոդախախտում — [hodaχaχtúm]
deslocar (vt) — հոդախախտել — [hodaχaχtél]
fratura (f) — կոտրվածք — [kotrvátskʰ]
fraturar (vt) — կոտրվածք ստանալ — [kotrvátskʰ stanál]

corte (m) — կտրված վերք — [ktrvats verkʰ]
cortar-se (vr) — կտրել — [ktrel]
hemorragia (f) — արյունահոսություն — [arjunahosutʰjún]

queimadura (f) — այրվածք — [ajrvátskʰ]
queimar-se (vr) — այրվել — [ajrvél]

picar (vt) — ծակել — [tsakél]
picar-se (vr) — ծակել — [tsakél]
lesionar (vt) — վնասել — [vnasél]
lesão (m) — վնասվածք — [vnasvátskʰ]
ferida (f), ferimento (m) — վերք — [verkʰ]
trauma (m) — վնասվածք — [vnasvátskʰ]

delirar (vi) — զառանցել — [zarantsʰél]
gaguejar (vi) — կակազել — [kakazél]
insolação (f) — արևահարություն — [arevaharutʰjún]

70. Sintomas. Tratamentos. Parte 2

dor (f) — ցավ — [tsʰav]
farpa (no dedo, etc.) — փուշ — [pʰuš]

suor (m) — քրտինք — [krtinkʰ]
suar (vi) — քրտնել — [kʰrtnel]
vômito (m) — փսխում — [pʰsχum]
convulsões (f pl) — ջղաձգություն — [dʒġadzgutʰjún]

grávida (adj) — հղի — [hġi]
nascer (vi) — ծնվել — [tsnvel]
parto (m) — ծննդաբերություն — [tsnndaberutʰjún]
dar à luz — ծննդաբերել — [tsnndaberél]
aborto (m) — աբորտ — [abórt]

respiração (f) — շնչառություն — [šnčarutʰjún]
inspiração (f) — ներշնչում — [neršnčúm]
expiração (f) — արտաշնչում — [artašnčúm]
expirar (vi) — արտաշնչել — [artašnčél]
inspirar (vi) — շնչել — [šnčel]
inválido (m) — հաշմանդամ — [hašmandám]
aleijado (m) — խեղանդամ — [χeġandám]

drogado (m)	թմրամոլ	[tʰmramól]
surdo (adj)	խուլ	[χul]
mudo (adj)	համր	[hamr]
surdo-mudo (adj)	խուլ ու համր	[χúl u hámr]
louco, insano (adj)	խենթ	[χentʰ]
ficar louco	խենթանալ	[χentʰanál]
gene (m)	գեն	[gen]
imunidade (f)	իմունիտետ	[imunitét]
hereditário (adj)	ժառանգական	[ʒarangakán]
congênito (adj)	բնածին	[bnatsín]
vírus (m)	վարակ	[varák]
micróbio (m)	մանրէ	[manré]
bactéria (f)	բակտերիա	[baktéria]
infecção (f)	վարակ	[varák]

71. Sintomas. Tratamentos. Parte 3

hospital (m)	հիվանդանոց	[hivandanótsʰ]
paciente (m)	հիվանդ	[hivánd]
diagnóstico (m)	ախտորոշում	[aġtorošúm]
cura (f)	կազդուրում	[kazdurúm]
tratamento (m) médico	բուժում	[buʒúm]
curar-se (vr)	բուժվել	[buʒvél]
tratar (vt)	բուժել	[buʒél]
cuidar (pessoa)	խնամել	[χnamél]
cuidado (m)	խնամք	[χnamkʰ]
operação (f)	վիրահատություն	[virahatutʰjún]
enfaixar (vt)	վիրակապել	[virakapél]
enfaixamento (m)	վիրակապում	[virakapúm]
vacinação (f)	պատվաստում	[patvastúm]
vacinar (vt)	պատվաստում անել	[patvastúm anél]
injeção (f)	ներարկում	[nerarkúm]
dar uma injeção	ներարկել	[nerarkél]
ataque (~ de asma, etc.)	նոպա	[nópa]
amputação (f)	անդամահատություն	[andamahatutʰjún]
amputar (vt)	անդամահատել	[andamahatél]
coma (f)	կոմա	[kóma]
estar em coma	կոմայի մեջ գտնվել	[komají médʒ ənknél]
reanimação (f)	վերակենդանացում	[verakendanatsʰúm]
recuperar-se (vr)	ապաքինվել	[apakʰinvél]
estado (~ de saúde)	վիճակ	[vičák]
consciência (perder a ~)	գիտակցություն	[gitaktsʰutʰjún]
memória (f)	հիշողություն	[hišoġutʰjún]
tirar (vt)	հեռացնել	[heratsʰnél]
obturação (f)	պլոմբ	[plomb]

obturar (vt) | ատամը լցնել | [atámə ltsʰnél]
hipnose (f) | հիպնոս | [hipnós]
hipnotizar (vt) | հիպնոսացնել | [hipnosatsʰnél]

72. Médicos

médico (m) | բժիշկ | [bʒišk]
enfermeira (f) | բուժքույր | [buʒkʰújr]
médico (m) pessoal | անձնական բժիշկ | [andznakán bʒíšk]

dentista (m) | ատամնաբույժ | [atamnabújʒ]
oculista (m) | ակնաբույժ | [aknabújʒ]
terapeuta (m) | թերապևտ | [tʰerapévt]
cirurgião (m) | վիրաբույժ | [virabújʒ]

psiquiatra (m) | հոգեբույժ | [hogebújʒ]
pediatra (m) | մանկաբույժ | [mankabújʒ]
psicólogo (m) | հոգեբան | [hokʰebán]
ginecologista (m) | գինեկոլոգ | [ginekólog]
cardiologista (m) | սրտաբան | [srtabán]

73. Medicina. Drogas. Acessórios

medicamento (m) | դեղ | [deġ]
remédio (m) | դեղամիջոց | [deġamidʒótsʰ]
receitar (vt) | դուրս գրել | [durs grél]
receita (f) | դեղատոմս | [deġatóms]

comprimido (m) | հաբ | [hab]
unguento (m) | քսուք | [ksukʰ]
ampola (f) | ամպուլ | [ampúl]
solução, preparado (m) | հեղուկ դեղախառնուրդ | [heġúk deχaġarnúrd]
xarope (m) | օշարակ | [ošarák]
cápsula (f) | հաբ | [hab]
pó (m) | փոշի | [pʰoší]

atadura (f) | վիրակապ ժապավեն | [virakáp ʒapavén]
algodão (m) | բամբակ | [bambák]
iodo (m) | յոդ | [jod]
curativo (m) adesivo | սպեղանի | [speġaní]
conta-gotas (m) | պիպետկա | [pipétka]
termômetro (m) | ջերմաչափ | [dʒermačápʰ]
seringa (f) | ներարկիչ | [nerarkíč]

cadeira (f) de rodas | սայլակ | [sajlák]
muletas (f pl) | հենակներ | [henaknér]

analgésico (m) | ցավազրկող | [tsʰavazrkóġ]
laxante (m) | լուծողական | [lutsoġakán]
álcool (m) | սպիրտ | [spirt]
ervas (f pl) medicinais | խոտաբույս | [χotabújs]
de ervas (chá ~) | խոտաբուսային | [χotabusajín]

74. Fumar. Produtos tabágicos

tabaco (m)	թութուն	[tʰutʰún]
cigarro (m)	ծխախոտ	[ʦχaχót]
charuto (m)	սիգար	[sigár]
cachimbo (m)	ծխամորճ	[ʦχamórč]
maço (~ de cigarros)	տուփ	[tupʰ]
fósforos (m pl)	լուցկի	[luʦʰkí]
caixa (f) de fósforos	լուցկու տուփ	[luʦʰkú túpʰ]
isqueiro (m)	կրակայրիչ	[krakajríč]
cinzeiro (m)	մոխրաման	[moχramán]
cigarreira (f)	ծխախոտատուփ	[ʦχaχotatúpʰ]
piteira (f)	ծխափող	[ʦχapʰóġ]
filtro (m)	ֆիլտր	[filtr]
fumar (vi, vt)	ծխել	[ʦχel]
acender um cigarro	ծխել	[ʦχel]
tabagismo (m)	ծխելը	[ʦχelé]
fumante (m)	ծխամոլ	[ʦχamól]
bituca (f)	ծխախոտի մնացորդ	[ʦχaχotí mnaʦʰórd]
fumaça (f)	ծուխ	[ʦuχ]
cinza (f)	մոխիր	[moχír]

HABITAT HUMANO

Cidade

75. Cidade. Vida na cidade

cidade (f)	քաղաք	[kaġákʰ]
capital (f)	մայրաքաղաք	[majrakaġákʰ]
aldeia (f)	գյուղ	[gjuġ]
mapa (m) da cidade	քաղաքի հատակագիծ	[kʰaġakʰí hatakagíʦ]
centro (m) da cidade	քաղաքի կենտրոն	[kʰaġakʰí kentrón]
subúrbio (m)	արվարձան	[arvarʣán]
suburbano (adj)	մերձքաղաքային	[merʣkʰaġakʰajín]
periferia (f)	ծայրամաս	[ʦajramás]
arredores (m pl)	շրջակայք	[šrʤakájkʰ]
quarteirão (m)	թաղամաս	[tʰaġamás]
quarteirão (m) residencial	բնակելի թաղամաս	[bnakelí tʰaġamás]
tráfego (m)	երթևեկություն	[ertʰevekutʰjún]
semáforo (m)	լուսակիր	[lusakír]
transporte (m) público	քաղաքային տրանսպորտ	[kʰaġakʰajín transpórt]
cruzamento (m)	խաչմերուկ	[χačmerúk]
faixa (f)	անցում	[anʦʰúm]
túnel (m) subterrâneo	գետնանցում	[getnanʦʰúm]
cruzar, atravessar (vt)	անցնել	[anʦʰnél]
pedestre (m)	հետիոտն	[hetiótn]
calçada (f)	մայթ	[majtʰ]
ponte (f)	կամուրջ	[kamúrʤ]
margem (f) do rio	առափնյա փողոց	[arapʰnjá pʰoġóʦʰ]
fonte (f)	շատրվան	[šatrván]
alameda (f)	ծառուղի	[ʦaruġí]
parque (m)	զբոսայգի	[zbosajgí]
bulevar (m)	բուլվար	[bulvár]
praça (f)	հրապարակ	[hraparák]
avenida (f)	պողոտա	[poġóta]
rua (f)	փողոց	[pʰoġóʦʰ]
travessa (f)	նրբանցք	[nrbanʦʰkʰ]
beco (m) sem saída	փակուղի	[pʰakuġí]
casa (f)	տուն	[tun]
edifício, prédio (m)	շենք	[šenkʰ]
arranha-céu (m)	երկնաքեր	[erknakʰér]
fachada (f)	ճակատամաս	[čakatamás]
telhado (m)	տանիք	[taníkʰ]

janela (f) պատուհան [patuhán]
arco (m) կամար [kamár]
coluna (f) սյուն [sjun]
esquina (f) անկյուն [ankjún]

vitrine (f) ցուցափեղկ [tsʰutsʰapʰéġk]
letreiro (m) ցուցանակ [tsʰutsʰanák]
cartaz (do filme, etc.) ազդագիր [azdagír]
cartaz (m) publicitário գովազդային ձգապաստառ [govazdajín dzgapastár]
painel (m) publicitário գովազդային վահանակ [govazdajín vahanák]

lixo (m) աղբ [aġb]
lata (f) de lixo աղբաման [aġbamán]
jogar lixo na rua աղբոտել [aġbotél]
aterro (m) sanitário աղբավայր [aġbavájr]

orelhão (m) հեռախոսախցիկ [heraχosaχtsʰík]
poste (m) de luz լապտերասյուն [lapterasjún]
banco (m) նստարան [nstarán]

polícia (m) ոստիկան [vostikán]
polícia (instituição) ոստիկանություն [vostikanutʰjún]
mendigo, pedinte (m) մուրացկան [muratsʰkán]
desabrigado (m) անօթևան մարդ [anotʰeván márd]

76. Instituições urbanas

loja (f) խանութ [χanútʰ]
drogaria (f) դեղատուն [deġatún]
ótica (f) օպտիկա [óptika]
centro (m) comercial առևտրի կենտրոն [arevtrí kentrón]
supermercado (m) սուպերմարքեթ [supermarkʰétʰ]

padaria (f) հացաբուլկեղենի խանութ [hatsʰabulkeġení χanútʰ]
padeiro (m) հացթուխ [hatsʰtʰúχ]
pastelaria (f) հրուշակեղենի խանութ [hrušakeġení χanútʰ]
mercearia (f) նպարեղենի խանութ [npareġení χanútʰ]
açougue (m) մսի խանութ [msi χanútʰ]

fruteira (f) բանջարեղենի կրպակ [bandʒareġení krpák]
mercado (m) շուկա [šuká]

cafeteria (f) սրճարան [srčarán]
restaurante (m) ռեստորան [restorán]
bar (m) գարեջրատուն [garedʒratún]
pizzaria (f) պիցցերիա [pitsʰería]

salão (m) de cabeleireiro վարսավիրանոց [varsaviranótsʰ]
agência (f) dos correios փոստ [pʰost]
lavanderia (f) քիմմաքրման կետ [kʰimmakʰrmán két]
estúdio (m) fotográfico ֆոտոսրահ [fotosráh]

sapataria (f) կոշիկի սրահ [košikí sráh]
livraria (f) գրախանութ [graχanútʰ]

loja (f) de artigos esportivos	սպորտային խանութ	[sportajín χanútʰ]
costureira (m)	հագուստի վերանորոգում	[hagustí veranorogúm]
aluguel (m) de roupa	հագուստի վարձույթ	[hagustí vardzújtʰ]
videolocadora (f)	տեսաֆիլմերի վարձույթ	[tesafilmerí vardzújtʰ]
circo (m)	կրկես	[krkes]
jardim (m) zoológico	կենդանաբանական այգի	[kendanabanakán ajgí]
cinema (m)	կինոթատրոն	[kinotʰatrón]
museu (m)	թանգարան	[tʰangarán]
biblioteca (f)	գրադարան	[gradarán]
teatro (m)	թատրոն	[tʰatrón]
ópera (f)	օպերա	[operá]
boate (casa noturna)	գիշերային ակումբ	[gišerajín akúmb]
cassino (m)	խաղատուն	[χaġatún]
mesquita (f)	մզկիթ	[mzkitʰ]
sinagoga (f)	սինագոգ	[sinagóg]
catedral (f)	տաճար	[tačár]
templo (m)	տաճար	[tačár]
igreja (f)	եկեղեցի	[ekeġetsʰí]
faculdade (f)	ինստիտուտ	[institút]
universidade (f)	համալսարան	[hamalsarán]
escola (f)	դպրոց	[dprotsʰ]
prefeitura (f)	ոստիկանապետություն	[vostikanapetutʰjún]
câmara (f) municipal	քաղաքապետարան	[kʰaġakapetarán]
hotel (m)	հյուրանոց	[hjuranótsʰ]
banco (m)	բանկ	[bank]
embaixada (f)	դեսպանատուն	[despanatún]
agência (f) de viagens	տուրիստական գործակալություն	[turistakán gortsakalutʰjún]
agência (f) de informações	տեղեկատվական բյուրո	[teġekatvakán bjuró]
casa (f) de câmbio	փոխանակման կետ	[pʰoχanakmán két]
metrô (m)	մետրո	[metró]
hospital (m)	հիվանդանոց	[hivandanótsʰ]
posto (m) de gasolina	բենզալցակայան	[benzaltsʰakaján]
parque (m) de estacionamento	ավտոկայան	[avtokaján]

77. Transportes urbanos

ônibus (m)	ավտոբուս	[avtobús]
bonde (m) elétrico	տրամվայ	[tramváj]
trólebus (m)	տրոլեյբուս	[trolejbús]
rota (f), itinerário (m)	ուղի	[uġí]
número (m)	համար	[hamár]
ir de ... (carro, etc.)	... ով գնալ	[... ov gnal]
entrar no ...	նստել	[nstel]
descer do ...	իջնել	[idʒnél]

parada (f)	կանգառ	[kangár]
próxima parada (f)	հաջորդ կանգառ	[hadʒórd kangár]
terminal (m)	վերջին կանգառ	[verdʒín kangár]
horário (m)	ժամանակացույց	[ʒamanakatsʰújtsʰ]
esperar (vt)	սպասել	[spasél]
passagem (f)	տոմս	[toms]
tarifa (f)	տոմսի արժեքը	[tomsí arʒékʰə]
bilheteiro (m)	տոմսավաճառ	[tomsavačár]
controle (m) de passagens	ստուգում	[stugúm]
revisor (m)	հսկիչ	[hskič]
atrasar-se (vr)	ուշանալ	[ušanál]
perder (o autocarro, etc.)	ուշանալ ... ից	[ušanál ... ítsʰ]
estar com pressa	շտապել	[štapél]
táxi (m)	տակսի	[taksí]
taxista (m)	տակսու վարորդ	[taksú varórd]
de táxi (ir ~)	տակսիով	[taksióv]
ponto (m) de táxis	տակսիների կայան	[taksinerí kaján]
chamar um táxi	տակսի կանչել	[taksí kančél]
pegar um táxi	տակսի վերցնել	[taksí vertsʰnél]
tráfego (m)	ճանապարհային երթևեկություն	[čanaparhajín ertʰevekutʰjún]
engarrafamento (m)	խցանում	[χtsʰanúm]
horas (f pl) de pico	պիկ ժամ	[pík ʒám]
estacionar (vi)	կանգնեցնել	[kangnetsʰnél]
estacionar (vt)	կանգնեցնել	[kangnetsʰnél]
parque (m) de estacionamento	ավտոկայան	[avtokaján]
metrô (m)	մետրո	[metró]
estação (f)	կայարան	[kajarán]
ir de metrô	մետրոյով գնալ	[metrojóv gnal]
trem (m)	գնացք	[gnatsʰkʰ]
estação (f) de trem	կայարան	[kajarán]

78. Turismo

monumento (m)	արձան	[ardzán]
fortaleza (f)	ամրոց	[amrótsʰ]
palácio (m)	պալատ	[palát]
castelo (m)	դղյակ	[dġjak]
torre (f)	աշտարակ	[aštarák]
mausoléu (m)	դամբարան	[dambarán]
arquitetura (f)	ճարտարապետություն	[čartarapetutʰjún]
medieval (adj)	միջնադարյան	[midʒnadarján]
antigo (adj)	հինավուրց	[hinavúrtsʰ]
nacional (adj)	ազգային	[azgajín]
famoso, conhecido (adj)	հայտնի	[hajtní]
turista (m)	զբոսաշրջիկ	[zbosašrdʒík]
guia (pessoa)	գիդ	[gid]

excursão (f)	էքսկուրսիա	[ēkʰskúrsia]
mostrar (vt)	ցույց տալ	[tsʰújtsʰ tal]
contar (vt)	պատմել	[patmél]
encontrar (vt)	գտնել	[gtnel]
perder-se (vr)	կորել	[korél]
mapa (~ do metrô)	սխեմա	[sχéma]
mapa (~ da cidade)	քարտեզ	[kʰartéz]
lembrança (f), presente (m)	հուշանվեր	[hušanvér]
loja (f) de presentes	հուշանվերների խանութ	[hušanvernerí χanútʰ]
tirar fotos, fotografar	լուսանկարել	[lusankarél]
fotografar-se (vr)	լուսանկարվել	[lusankarvél]

79. Compras

comprar (vt)	գնել	[gnel]
compra (f)	գնում	[gnum]
fazer compras	գնումներ կատարել	[gnumnér katarél]
compras (f pl)	գնումներ	[gnumnér]
estar aberta (loja)	աշխատել	[ašχatél]
estar fechada	փակվել	[pʰakvél]
calçado (m)	կոշիկ	[košík]
roupa (f)	հագուստ	[hagúst]
cosméticos (m pl)	կոսմետիկա	[kosmétika]
alimentos (m pl)	մթերքներ	[mtʰerkʰnér]
presente (m)	նվեր	[nver]
vendedor (m)	վաճառող	[vačaróġ]
vendedora (f)	վաճառողուհի	[vačaroġuhí]
caixa (f)	դրամարկղ	[dramárkġ]
espelho (m)	հայելի	[hajelí]
balcão (m)	վաճառասեղան	[vačaraseġán]
provador (m)	հանդերձարան	[handerdzarán]
provar (vt)	փորձել	[pʰordzél]
servir (roupa, caber)	սազել	[sazél]
gostar (apreciar)	դուր գալ	[dur gal]
preço (m)	գին	[gin]
etiqueta (f) de preço	գնապիտակ	[gnapiták]
custar (vt)	արժենալ	[arʒenál]
Quanto?	Որքա՞ն արժե	[vorkʰán arʒé?]
desconto (m)	զեղչ	[zeġč]
não caro (adj)	ոչ թանկ	[voč tʰank]
barato (adj)	էժան	[ēʒán]
caro (adj)	թանկ	[tʰank]
É caro	Սա թանկ է	[sa tʰánk ē]
aluguel (m)	վարձույթ	[vardzújtʰ]
alugar (roupas, etc.)	վարձել	[vardzél]

crédito (m)	վարկ	[vark]
a crédito	վարկով	[varkóv]

80. Dinheiro

dinheiro (m)	դրամ	[dram]
câmbio (m)	փոխանակում	[p^{h}oχanakúm]
taxa (f) de câmbio	փոխարժեք	[p^{h}oχarʒék^h]
caixa (m) eletrônico	բանկոմատ	[bankomát]
moeda (f)	մետաղադրամ	[metaġadrám]
dólar (m)	դոլլար	[dollár]
euro (m)	եվրո	[évro]
lira (f)	լիրա	[líra]
marco (m)	մարկ	[mark]
franco (m)	ֆրանկ	[frank]
libra (f) esterlina	ֆունտ ստերլինգ	[fúnt stérling]
iene (m)	յեն	[jen]
dívida (f)	պարտք	[partk^h]
devedor (m)	պարտապան	[partapán]
emprestar (vt)	պարտքով տալ	[partk^{h}óv tal]
pedir emprestado	պարտքով վերցնել	[partk^{h}óv verts^{h}nél]
banco (m)	բանկ	[bank]
conta (f)	հաշիվ	[hašív]
depositar na conta	հաշվի վրա գցել	[hašví vra gts^{h}el]
sacar (vt)	հաշվից հանել	[hašvíts^h hanél]
cartão (m) de crédito	վարկային քարտ	[vark^{h}ajín k^{h}árt]
dinheiro (m) vivo	կանխիկ դրամ	[kanχík dram]
cheque (m)	չեք	[ček^h]
passar um cheque	չեք դուրս գրել	[ček^h durs grel]
talão (m) de cheques	չեքային գրքույկ	[ček^{h}ajín grk^{h}újk]
carteira (f)	թղթապանակ	[t^{h}ġt^{h}apanák]
niqueleira (f)	դրամապանակ	[dramapanák]
cofre (m)	չհրկիզվող պահարան	[čhrkizvóġ paharán]
herdeiro (m)	ժառանգ	[ʒaráng]
herança (f)	ժառանգություն	[ʒarangut^{h}jún]
fortuna (riqueza)	ունեցվածք	[unets^{h}vátsk^h]
arrendamento (m)	վարձ	[vardz]
aluguel (pagar o ~)	բնակվարձ	[bnakvárdz]
alugar (vt)	վարձել	[vardzél]
preço (m)	գին	[gin]
custo (m)	արժեք	[arʒék^h]
soma (f)	գումար	[gumár]
gastar (vt)	ծախսել	[tsaχsél]
gastos (m pl)	ծախսեր	[tsaχsér]

economizar (vi)	տնտեսել	[tntesél]
econômico (adj)	տնտեսող	[tntesóġ]
pagar (vt)	վճարել	[včarél]
pagamento (m)	վճար	[včár]
troco (m)	մանր	[manr]
imposto (m)	հարկ	[hark]
multa (f)	տուգանք	[tugánkʰ]
multar (vt)	տուգանել	[tuganél]

81. Correios. Serviço postal

agência (f) dos correios	փոստ	[pʰost]
correio (m)	փոստ	[pʰost]
carteiro (m)	փոստատար	[pʰostatár]
horário (m)	աշխատանքային ժամեր	[ašχatankʰajín ʒamér]
carta (f)	նամակ	[namák]
carta (f) registada	պատվիրված նամակ	[patvirváʦ namák]
cartão (m) postal	բացիկ	[baʦʰík]
telegrama (m)	հեռագիր	[heragír]
encomenda (f)	ծանրոց	[ʦanróʦʰ]
transferência (f) de dinheiro	դրամային փոխանցում	[dramajín pʰoχanʦʰúm]
receber (vt)	ստանալ	[stanál]
enviar (vt)	ուղարկել	[uġarkél]
envio (m)	ուղարկում	[uġarkúm]
endereço (m)	հասցե	[hasʦʰé]
código (m) postal	ինդեքս	[indéks]
remetente (m)	ուղարկող	[uġarkóġ]
destinatário (m)	ստացող	[staʦʰóġ]
nome (m)	անուն	[anún]
sobrenome (m)	ազգանուն	[azganún]
tarifa (f)	սակագին	[sakagín]
ordinário (adj)	սովորական	[sovorakán]
econômico (adj)	տնտեսող	[tntesóġ]
peso (m)	քաշ	[kʰaš]
pesar (estabelecer o peso)	կշռել	[kšrel]
envelope (m)	ծրար	[ʦrar]
selo (m) postal	նամականիշ	[namakaníš]

Moradia. Casa. Lar

82. Casa. Habitação

casa (f)	տուն	[tun]
em casa	տանը	[tánə]
pátio (m), quintal (f)	բակ	[bak]
cerca, grade (f)	պարիսպ	[parísp]
tijolo (m)	աղյուս	[aġjús]
de tijolos	աղյուսե	[aġjusé]
pedra (f)	քար	[kʰar]
de pedra	քարե	[kʰaré]
concreto (m)	բետոն	[betón]
concreto (adj)	բետոնե	[betoné]
novo (adj)	նոր	[nor]
velho (adj)	հին	[hin]
decrépito (adj)	խարխուլ	[χarχúl]
moderno (adj)	ժամանակակից	[ʒamanakakíʦʰ]
de vários andares	բարձրահարկ	[barʣrahárk]
alto (adj)	բարձր	[barʣr]
andar (m)	հարկ	[hark]
de um andar	մեկ հարկանի	[mek harkaní]
térreo (m)	ներքևի հարկ	[nerkʰeví hárk]
andar (m) de cima	վերևի հարկ	[vereví hark]
telhado (m)	տանիք	[taníkʰ]
chaminé (f)	խողովակ	[χoġovák]
telha (f)	կղմինդր	[kġmindr]
de telha	կղմինդրե	[kġmindré]
sótão (m)	ձեղնահարկ	[ʣeġnahárk]
janela (f)	պատուհան	[patuhán]
vidro (m)	ապակի	[apakí]
parapeito (m)	պատուհանագոգ	[patuhanagóg]
persianas (f pl)	ծածկոցափեղկ	[ʦaʦkoʦʰapʰéġk]
parede (f)	պատ	[pat]
varanda (f)	պատշգամբ	[patšgámb]
calha (f)	ջրատար խողովակ	[ʤratár χoġovák]
em cima	վերևում	[verevúm]
subir (vi)	բարձրանալ	[barʣranál]
descer (vi)	իջնել	[iʤnél]
mudar-se (vr)	տեղափոխվել	[teġapʰoχvél]

83. Casa. Entrada. Elevador

entrada (f)	մուտք	[mutkʰ]
escada (f)	աստիճան	[astičán]
degraus (m pl)	աստիճաններ	[astičannér]
corrimão (m)	բազրիք	[bazríkʰ]
hall (m) de entrada	սրահ	[srah]
caixa (f) de correio	փոստարկղ	[pʰostárkġ]
lata (f) do lixo	աղբարկղ	[aġbárkġ]
calha (f) de lixo	աղբատար	[aġbatár]
elevador (m)	վերելակ	[verelák]
elevador (m) de carga	բեռնատար վերելակ	[bernatár verelák]
cabine (f)	խցիկ	[χtsʰik]
apartamento (m)	բնակարան	[bnakarán]
residentes (pl)	բնակիչներ	[bnakičnér]
vizinho (m)	հարևան	[hareván]
vizinha (f)	հարևանուհի	[harevanuhí]
vizinhos (pl)	հարևաններ	[harevannér]

84. Casa. Portas. Fechaduras

porta (f)	դուռ	[dur]
portão (m)	դարբաս	[darbás]
maçaneta (f)	բռնակ	[brnak]
destrancar (vt)	բացել	[batsʰél]
abrir (vt)	բացել	[batsʰél]
fechar (vt)	փակել	[pʰakél]
chave (f)	բանալի	[banalí]
molho (m)	կապոց	[kapótsʰ]
ranger (vi)	ճռալ	[čral]
rangido (m)	ճռոց	[črotsʰ]
dobradiça (f)	ծխնի	[tsχni]
capacho (m)	փոքր գորգ	[pʰokʰr gorg]
fechadura (f)	փական	[pʰakán]
buraco (m) da fechadura	փականի անցք	[pʰakaní ántsʰkʰ]
barra (f)	սողնակ	[soġnák]
fecho (ferrolho pequeno)	սողնակ	[soġnák]
cadeado (m)	կողպեք	[koġpékʰ]
tocar (vt)	զանգել	[zangél]
toque (m)	զանգ	[zang]
campainha (f)	զանգ	[zang]
botão (m)	կոճակ	[kočák]
batida (f)	թակոց	[tʰakótsʰ]
bater (vi)	թակել	[tʰakél]
código (m)	կոդ	[kod]
fechadura (f) de código	կոդային փական	[kodajín pʰakán]

interfone (m)	դոմոֆոն	[domofón]
número (m)	համար	[hamár]
placa (f) de porta	ցուցանակ	[tsʰutsʰanák]
olho (m) mágico	դիտանցք	[ditántsʰkʰ]

85. Casa de campo

aldeia (f)	գյուղ	[gjuġ]
horta (f)	բանջարանոց	[bandʒaranótsʰ]
cerca (f)	ցանկապատ	[tsʰankapát]
cerca (f) de piquete	ցանկապատ	[tsʰankapát]
portão (f) do jardim	դռնակ	[drnak]
celeiro (m)	շտեմարան	[štemarán]
adega (f)	մառան	[marán]
galpão, barracão (m)	ցախանոց	[tsʰaχanótsʰ]
poço (m)	ջրհոր	[dʒrhor]
fogão (m)	վառարան	[vararán]
atiçar o fogo	վառել	[varél]
lenha (carvão ou ~)	վառելափայտ	[varelapʰájt]
acha, lenha (f)	ծղան	[tsġan]
varanda (f)	պատշգամբ	[patšgámb]
alpendre (m)	տեռաս	[terás]
degraus (m pl) de entrada	սանդղամուտք	[sandġamútkʰ]
balanço (m)	ճոճանակ	[čočanák]

86. Castelo. Palácio

castelo (m)	դղյակ	[dġjak]
palácio (m)	պալատ	[palát]
fortaleza (f)	ամրոց	[amrótsʰ]
muralha (f)	պատ	[pat]
torre (f)	աշտարակ	[aštarák]
calabouço (m)	գլխավոր աշտարակ	[glχavór aštarák]
grade (f) levadiça	բարձրացվող դարբաս	[bardzratsʰvóġ darbás]
passagem (f) subterrânea	գետնանցում	[getnantsʰúm]
fosso (m)	փոս	[pʰos]
corrente, cadeia (f)	շղթա	[šġtʰa]
seteira (f)	հրակնատ	[hraknát]
magnífico (adj)	հոյակապ	[hojakáp]
majestoso (adj)	վեհասքանչ	[vehaskʰánč]
inexpugnável (adj)	անառիկ	[anarík]
medieval (adj)	միջնադարյան	[midʒnadarján]

87. Apartamento

apartamento (m) բնակարան [bnakarán]
quarto, cômodo (m) սենյակ [senják]
quarto (m) de dormir ննջարան [nnʤarán]
sala (f) de jantar ճաշասենյակ [čašasenják]
sala (f) de estar հյուրասենյակ [hjurasenják]
escritório (m) աշխատասենյակ [ašχatasenják]

sala (f) de entrada նախասենյակ [naχasenják]
banheiro (m) լոգարան [logarán]
lavabo (m) զուգարան [zugarán]

teto (m) առաստաղ [arastáġ]
chão, piso (m) հատակ [haták]
canto (m) անկյուն [ankjún]

88. Apartamento. Limpeza

arrumar, limpar (vt) հավաքել [havakʰél]
guardar (no armário, etc.) հավաքել [havakʰél]
pó (m) փոշի [pʰoší]
empoeirado (adj) փոշոտ [pʰošót]
tirar o pó փոշին սրբել [pʰošín srbél]
aspirador (m) փոշեկուլ [pʰošekúl]
aspirar (vt) փոշեկուլով մաքրել [pʰošekulóv makʰrél]

varrer (vt) ավլել [avlél]
sujeira (f) աղբ [aġb]
arrumação, ordem (f) կարգ ու կանոն [kárg u kanón]
desordem (f) խառնաշփոթ [χarnašpʰótʰ]

esfregão (m) շվաբր [švabr]
pano (m), trapo (m) ջնջոց [ʤnʤoʦʰ]
vassoura (f) ավել [avél]
pá (f) de lixo աղբակալ [aġbakál]

89. Mobiliário. Interior

mobiliário (m) կահույք [kahújkʰ]
mesa (f) սեղան [seġán]
cadeira (f) աթոռ [atʰór]
cama (f) մահճակալ [mahčakál]
sofá, divã (m) բազմոց [bazmóʦʰ]
poltrona (f) բազկաթոռ [bazkatʰór]

estante (f) գրապահարան [grapaharán]
prateleira (f) դարակ [darák]

guarda-roupas (m) պահարան [paharán]
cabide (m) de parede կախարան [kaχarán]

cabideiro (m) de pé | կախոց | [kaχótsʰ]
cômoda (f) | կոմոդ | [komód]
mesinha (f) de centro | սեղանիկ | [seġaník]

espelho (m) | հայելի | [hajelí]
tapete (m) | գորգ | [gorg]
tapete (m) pequeno | փոքր գորգ | [pʰokʰr gorg]

lareira (f) | բուխարի | [buχarí]
vela (f) | մոմ | [mom]
castiçal (m) | մոմակալ | [momakál]

cortinas (f pl) | վարագույր | [varagújr]
papel (m) de parede | պաստառ | [pastár]
persianas (f pl) | շերտավարագույր | [šertavaragújr]

luminária (f) de mesa | սեղանի լամպ | [seġaní lámp]
luminária (f) de parede | ջահ | [ʤah]
abajur (m) de pé | ձողաջահ | [ʣoġaʤáh]
lustre (m) | ջահ | [ʤah]

pé (de mesa, etc.) | տոտիկ | [totík]
braço, descanso (m) | արմնկակալ | [armnkakál]
costas (f pl) | թիկնակ | [tʰiknák]
gaveta (f) | դարակ | [darák]

90. Quarto de dormir

roupa (f) de cama | սպիտակեղեն | [spitakeġén]
travesseiro (m) | բարձ | [barʣ]
fronha (f) | բարձի երես | [barʣí erés]
cobertor (m) | վերմակ | [vermák]
lençol (m) | սավան | [saván]
colcha (f) | ծածկոց | [ʦaʦkótsʰ]

91. Cozinha

cozinha (f) | խոհանոց | [χohanótsʰ]
gás (m) | գազ | [gaz]
fogão (m) a gás | գազօջախ | [gazoʤáχ]
fogão (m) elétrico | էլեկտրական սալօջախ | [ēlektrakán saloʤáχ]
forno (m) | ջեռոց | [ʤerótsʰ]
forno (m) de micro-ondas | միկրոալիքային վառարան | [mikroalikʰajín vararán]

geladeira (f) | սառնարան | [sarnarán]
congelador (m) | սառնախցիկ | [sarnaχtsʰík]
máquina (f) de lavar louça | աման լվացող մեքենա | [amán lvatsʰóġ mekʰená]

moedor (m) de carne | մսաղաց | [msaġátsʰ]
espremedor (m) | հյութաքամիչ | [hjutʰakʰamíč]
torradeira (f) | տոստեր | [tostér]
batedeira (f) | հարիչ | [haríč]

máquina (f) de café	սրճեփ	[srčepʰ]
cafeteira (f)	սրճաման	[srčamán]
moedor (m) de café	սրճաղաց	[srčaġátsʰ]
chaleira (f)	թեյնիկ	[tʰejník]
bule (m)	թեյաման	[tʰejamán]
tampa (f)	կափարիչ	[kapʰaríč]
coador (m) de chá	թեյքամիչ	[tʰejkʰamíč]
colher (f)	գդալ	[gdal]
colher (f) de chá	թեյի գդալ	[tʰeji gdal]
colher (f) de sopa	ճաշի գդալ	[čaši gdal]
garfo (m)	պատառաքաղ	[patarakʰáġ]
faca (f)	դանակ	[danák]
louça (f)	սպասք	[spaskʰ]
prato (m)	ափսե	[apʰsé]
pires (m)	պնակ	[pnak]
cálice (m)	ըմպանակ	[əmpanák]
copo (m)	բաժակ	[baʒák]
xícara (f)	բաժակ	[baʒák]
açucareiro (m)	շաքարաման	[šakʰaramán]
saleiro (m)	աղաման	[aġamán]
pimenteiro (m)	պղպեղաման	[pġpeġamán]
manteigueira (f)	կարագի աման	[karagí amán]
panela (f)	կաթսա	[katʰsá]
frigideira (f)	թավա	[tʰavá]
concha (f)	շերեփ	[šerépʰ]
coador (m)	քամիչ	[kʰamíč]
bandeja (f)	սկուտեղ	[skutéġ]
garrafa (f)	շիշ	[šiš]
pote (m) de vidro	բանկա	[banká]
lata (~ de cerveja)	տարա	[tará]
abridor (m) de garrafa	բացիչ	[batsʰíč]
abridor (m) de latas	բացիչ	[batsʰíč]
saca-rolhas (m)	խցանահան	[χtsʰanahán]
filtro (m)	զտիչ	[ztič]
filtrar (vt)	զտել	[ztel]
lixo (m)	աղբ	[aġb]
lixeira (f)	աղբի դույլ	[aġbi dújl]

92. Casa de banho

banheiro (m)	լոգարան	[logarán]
água (f)	ջուր	[dʒur]
torneira (f)	ծորակ	[tsorák]
água (f) quente	տաք ջուր	[takʰ dʒur]
água (f) fria	սառը ջուր	[sárə dʒur]

pasta (f) de dente	ատամի մածուկ	[atamí maʦúk]
escovar os dentes	ատամները մաքրել	[atamnérə mak^{h}rél]
barbear-se (vr)	սափրվել	[sap^{h}rvél]
espuma (f) de barbear	սափրվելու փրփուր	[sap^{h}rvelú prpur]
gilete (f)	ածելի	[aʦelí]
lavar (vt)	լվանալ	[lvanál]
tomar banho	լվացվել	[lvaʦ^{h}vél]
chuveiro (m), ducha (f)	ցնցուղ	[ʦ^{h}nʦ^{h}uġ]
tomar uma ducha	դուշ ընդունել	[dúš əndunél]
banheira (f)	լոգարան	[loġarán]
vaso (m) sanitário	զուգարանակոնք	[zugaranakónk^h]
pia (f)	լվացարան	[lvaʦ^{h}arán]
sabonete (m)	օճառ	[očár]
saboneteira (f)	օճառաման	[očaramán]
esponja (f)	սպունգ	[spung]
xampu (m)	շամպուն	[šampún]
toalha (f)	սրբիչ	[srbič]
roupão (m) de banho	խալաթ	[χalát^h]
lavagem (f)	լվացք	[lvaʦ^{h}k^h]
lavadora (f) de roupas	լվացքի մեքենա	[lvaʦ^{h}k^{h}í mekená]
lavar a roupa	սպիտակեղեն լվալ	[spitakeġén lvál]
detergente (m)	լվացքի փոշի	[lvaʦ^{h}k^{h}í p^{h}oší]

93. Eletrodomésticos

televisor (m)	հեռուստացույց	[herustaʦ^{h}újʦ^h]
gravador (m)	մագնիտոֆոն	[magnitofón]
videogravador (m)	տեսամագնիտոֆոն	[tesamagnitofón]
rádio (m)	ընդունիչ	[ənduníč]
leitor (m)	նվագարկիչ	[nvagarkíč]
projetor (m)	տեսապրոյեկտոր	[tesaproektór]
cinema (m) em casa	տնային կինոթատրոն	[t^{h}najín kinot^{h}atrón]
DVD Player (m)	DVD նվագարկիչ	[dividí nvagarkíč]
amplificador (m)	ուժեղացուցիչ	[uʒeġaʦ^{h}uʦ^{h}íč]
console (f) de jogos	խաղային համակարգիչ	[χaġajín hamakargíč]
câmera (f) de vídeo	տեսախցիկ	[tesaχʦ^{h}ík]
máquina (f) fotográfica	լուսանկարչական ապարատ	[lusankarčakán aparát]
câmera (f) digital	թվային լուսանկարչական ապարատ	[t^{h}vajín lusankarčakán aparát]
aspirador (m)	փոշեկուլ	[p^{h}ošekúl]
ferro (m) de passar	արդուկ	[ardúk]
tábua (f) de passar	արդուկի տախտակ	[ardukí taχták]
telefone (m)	հեռախոս	[heraχós]
celular (m)	բջջային հեռախոս	[bʤʤajín heraχós]

máquina (f) de escrever	տպող մեքենա	[tpóġ mekʰená]
máquina (f) de costura	կարի մեքենա	[kʰarí mekʰená]
microfone (m)	միկրոֆոն	[mikrofón]
fone (m) de ouvido	ականջակալներ	[akandʒakalnér]
controle remoto (m)	հեռակառավարման վահանակ	[herakaravarmán vahanák]
CD (m)	խտասկավառակ	[χtaskavarák]
fita (f) cassete	ձայներիզ	[dzajneríz]
disco (m) de vinil	սկավառակ	[skavarák]

94. Reparações. Renovação

renovação (f)	վերանորոգում	[veranorogúm]
renovar (vt), fazer obras	վերանորոգում անել	[veranorogúm anél]
reparar (vt)	վերանորոգել	[veranorogél]
consertar (vt)	կարգի բերել	[kargí berél]
refazer (vt)	ձևափոխել	[dzevapʰoχél]
tinta (f)	ներկ	[nerk]
pintar (vt)	ներկել	[nerkél]
pintor (m)	ներկարար	[nerkarár]
pincel (m)	վրձին	[vrdzin]
cal (f)	սպիտակածեփ	[spitakatsépʰ]
caiar (vt)	սպիտակեցնել	[spitaketsʰnél]
papel (m) de parede	պաստառ	[pastár]
colocar papel de parede	պաստառապատել	[pastarapatél]
verniz (m)	լաք	[lakʰ]
envernizar (vt)	լաքապատել	[lakʰapatél]

95. Canalizações

água (f)	ջուր	[dʒur]
água (f) quente	տաք ջուր	[takʰ dʒur]
água (f) fria	սառը ջուր	[sárə dʒur]
torneira (f)	ծորակ	[tsorák]
gota (f)	կաթիլ	[katʰíl]
gotejar (vi)	կաթել	[katʰél]
vazar (vt)	արտահոսել	[artahosél]
vazamento (m)	արտահոսք	[artahóskʰ]
poça (f)	ջրակույտ	[dʒrakújt]
tubo (m)	խողովակ	[χoġovák]
válvula (f)	փական	[pʰakán]
entupir-se (vr)	խցանվել	[χtsʰanvél]
ferramentas (f pl)	գործիքներ	[gortsikʰnér]
chave (f) inglesa	բացովի մանեկադարձակ	[batsʰoví manekadardzák]

desenroscar (vt)	ետ պտտել	[et pttel]
enroscar (vt)	ձգել	[dzgel]
desentupir (vt)	մաքրել	[makʰrél]
encanador (m)	սանտեխնիկ	[santeχník]
porão (m)	նկուղ	[nkuġ]
rede (f) de esgotos	կոյուղի	[kojuġí]

96. Fogo. Deflagração

incêndio (m)	կրակ	[krak]
chama (f)	բոց	[botsʰ]
faísca (f)	կայծ	[kajts]
fumaça (f)	ծուխ	[tsuχ]
tocha (f)	ջահ	[dʒah]
fogueira (f)	խարույկ	[χarújk]
gasolina (f)	բենզին	[benzín]
querosene (m)	նավթ	[navtʰ]
inflamável (adj)	դյուրավառ	[djuravár]
explosivo (adj)	պայթունավտանգ	[pajtʰunavtáng]
PROIBIDO FUMAR!	ՉԾԽԵԼ	[čtsχél!]
segurança (f)	անվտանգություն	[anvtangutʰjún]
perigo (m)	վտանգ	[vtang]
perigoso (adj)	վտանգավոր	[vtangavór]
incendiar-se (vr)	բռնկվել	[brnkvel]
explosão (f)	պայթյուն	[pajtʰjún]
incendiar (vt)	հրկիզել	[hrkizél]
incendiário (m)	հրկիզող	[hrkizóġ]
incêndio (m) criminoso	հրկիզում	[hrkizúm]
flamejar (vi)	բոցավառվել	[botsʰavarvél]
queimar (vi)	այրվել	[ajrvél]
queimar tudo (vi)	այրվել	[ajrvél]
bombeiro (m)	հրդեհային	[hrdehajín]
caminhão (m) de bombeiros	հրշեջ մեքենա	[hršédʒ mekʰená]
corpo (m) de bombeiros	հրշեջ ջոկատ	[hršédʒ dʒokát]
escada (f) extensível	հրդեհաշեջ սանդուղք	[hrdehašédʒ sandúġkʰ]
mangueira (f)	փող	[pʰoġ]
extintor (m)	կրակմարիչ	[krakmaríč]
capacete (m)	սաղավարտ	[saġavárt]
sirene (f)	շչակ	[ščak]
gritar (vi)	ճչալ	[čəčál]
chamar por socorro	օգնության կանչել	[ognutʰján kančél]
socorrista (m)	փրկարար	[pʰrkarár]
salvar, resgatar (vt)	փրկել	[pʰrkel]
chegar (vi)	ժամանել	[ʒamanél]
apagar (vt)	հանգցնել	[hangtsʰnél]

água (f)	ջուր	[ʤur]
areia (f)	ավազ	[aváz]
ruínas (f pl)	փլատակներ	[p^{h}lataknér]
ruir (vi)	փլատակվել	[p^{h}latakvél]
desmoronar (vi)	փուլ գալ	[p^{h}ul gal]
desabar (vi)	փլվել	[p^{h}lvel]
fragmento (m)	բեկոր	[bekór]
cinza (f)	մոխիր	[moχír]
sufocar (vi)	խեղդվել	[χeġdvél]
perecer (vi)	մեռնել	[mernél]

ATIVIDADES HUMANAS

Emprego. Negócios. Parte 1

97. Banca

banco (m)	բանկ	[bank]
balcão (f)	բաժանմունք	[baʒanmúnk^h]
consultor (m) bancário	խորհրդատու	[χorhrdatú]
gerente (m)	կառավարիչ	[karavaríč]
conta (f)	հաշիվ	[hašív]
número (m) da conta	հաշվի համար	[hašví hamár]
conta (f) corrente	ընթացիկ հաշիվ	[ənt^{h}aʦ^{h}ík hašív]
conta (f) poupança	կուտակային հաշիվ	[kutakajín hašív]
abrir uma conta	հաշիվ բացել	[hašív baʦ^{h}él]
fechar uma conta	հաշիվ փակել	[hašív p^{h}akél]
depositar na conta	հաշվի վրա գցել	[hašví vra gʦ^{h}el]
sacar (vt)	հաշվից հանել	[hašvíʦ^h hanél]
depósito (m)	ավանդ	[avánd]
fazer um depósito	ավանդ ներդնել	[avánd nerdnél]
transferência (f) bancária	փոխանցում	[p^{h}oχanʦ^{h}úm]
transferir (vt)	փոխանցում կատարել	[p^{h}oχanʦ^{h}úm katarél]
soma (f)	գումար	[gumár]
Quanto?	Որքա՞ն	[vork^{h}án?]
assinatura (f)	ստորագրություն	[storagrut^{h}jún]
assinar (vt)	ստորագրել	[storagrél]
cartão (m) de crédito	վարկային քարտ	[vark^{h}ajín k^{h}árt]
senha (f)	կոդ	[kod]
número (m) do cartão de crédito	վարկային քարտի համար	[vark^{h}ajín k^{h}artí hamár]
caixa (m) eletrônico	բանկոմատ	[bankomát]
cheque (m)	չեք	[ček^h]
passar um cheque	չեք դուրս գրել	[ček^h durs grel]
talão (m) de cheques	չեքային գրքույկ	[ček^{h}ajín grk^{h}újk]
empréstimo (m)	վարկ	[vark]
pedir um empréstimo	դիմել վարկ ստանալու համար	[dimél várk stanalú hamár]
obter empréstimo	վարկ վերցնել	[vark verʦ^{h}nél]
dar um empréstimo	վարկ տրամադրել	[vark tramadrél]
garantia (f)	գրավական	[gravakán]

98. Telefone. Conversação telefônica

telefone (m)	հեռախոս	[heraχós]
celular (m)	բջջային հեռախոս	[bʤʤajín heraχós]
secretária (f) eletrônica	ինքնապատասխանիչ	[ink^{h}napatasχaníč]
fazer uma chamada	զանգահարել	[zangaharél]
chamada (f)	զանգ	[zang]
discar um número	համարը հավաքել	[hamárə havak^{h}él]
Alô!	Ալո՛	[aló!]
perguntar (vt)	հարցնել	[harʦ^{h}nél]
responder (vt)	պատասխանել	[patasχanél]
ouvir (vt)	լսել	[lsel]
bem	լավ	[lav]
mal	վատ	[vat]
ruído (m)	խանգարումներ	[χangarumnér]
fone (m)	լսափող	[lsap^{h}óġ]
pegar o telefone	լսափողը վերցնել	[lsap^{h}óġə verʦ^{h}nél]
desligar (vi)	լսափողը դնել	[lsap^{h}óġə dnél]
ocupado (adj)	զբաղված	[zbaġváʦ]
tocar (vi)	զանգել	[zangél]
lista (f) telefônica	հեռախոսագիրք	[heraχosagírk^{h}]
local (adj)	տեղային	[teġajín]
de longa distância	միջքաղաքային	[miʤkaġak^{h}ajín]
internacional (adj)	միջազգային	[miʤazgajín]

99. Telefone móvel

celular (m)	բջջային հեռախոս	[bʤʤajín heraχós]
tela (f)	էկրան	[ēkrán]
botão (m)	կոճակ	[kočák]
cartão SIM (m)	SIM-քարտ	[sim k^{h}art]
bateria (f)	մարտկոց	[martkóʦ^{h}]
descarregar-se (vr)	լիցքաթափվել	[liʦ^{h}k^{h}at^{h}ap^{h}vél]
carregador (m)	լիցքավորման սարք	[liʦ^{h}kavormán sárk^{h}]
menu (m)	մենյու	[menjú]
configurações (f pl)	լարք	[lark^{h}]
melodia (f)	մեղեդի	[meġedí]
escolher (vt)	ընտրել	[əntrél]
calculadora (f)	հաշվիչ	[hašvíč]
correio (m) de voz	ինքնապատասխանիչ	[ink^{h}napatasχaníč]
despertador (m)	զարթուցիչ	[zart^{h}uʦ^{h}íč]
contatos (m pl)	հեռախոսագիրք	[heraχosagírk^{h}]
mensagem (f) de texto	SMS-հաղորդագրություն	[SMS haġordagrut^{h}jún]
assinante (m)	բաժանորդ	[baʒanórd]

100. Estacionário

caneta (f)	ինքնահոս գրիչ	[ink^{h}nahós gríč]
caneta (f) tinteiro	փետրավոր գրիչ	[p^{h}etravór grič]
lápis (m)	մատիտ	[matít]
marcador (m) de texto	նշիչ	[nšič]
caneta (f) hidrográfica	ֆլոմաստեր	[flomastér]
bloco (m) de notas	նոթատետր	[not^{h}atétr]
agenda (f)	օրագիրք	[oragírk^h]
régua (f)	քանոն	[k^{h}anón]
calculadora (f)	հաշվիչ	[hašvíč]
borracha (f)	ռետին	[retín]
alfinete (m)	սնեռակ	[severák]
clipe (m)	ամրակ	[amrák]
cola (f)	սոսինձ	[sosíndz]
grampeador (m)	ճարմանդակարիչ	[čarmandakaríč]
furador (m) de papel	ծակոտիչ	[tsakotíč]
apontador (m)	սրիչ	[srič]

Emprego. Negócios. Parte 2

101. Media

jornal (m)	թերթ	[tʰertʰ]
revista (f)	ամսագիր	[amsagír]
imprensa (f)	մամուլ	[mamúl]
rádio (m)	ռադիո	[rádio]
estação (f) de rádio	ռադիոկայան	[radiokaján]
televisão (f)	հեռուստատեսություն	[herustatesutʰjún]
apresentador (m)	հաղորդավար	[haġordavár]
locutor (m)	հաղորդավար	[haġordavár]
comentarista (m)	մեկնաբան	[meknabán]
jornalista (m)	լրագրող	[lragróġ]
correspondente (m)	թղթակից	[tʰġtʰakítsʰ]
repórter (m) fotográfico	ֆոտոթղթակից	[fototʰġtʰakítsʰ]
repórter (m)	լրագրող	[lragróġ]
redator (m)	խմբագիր	[χmbagír]
redator-chefe (m)	գլխավոր խմբագիր	[glχavór χmbagír]
assinar a ...	բաժանորդագրվել	[baʒanordagrvél]
assinatura (f)	բաժանորդագրություն	[baʒanordagrutʰjún]
assinante (m)	բաժանորդագիր	[baʒanordagír]
ler (vt)	ընթերցել	[əntʰertsʰél]
leitor (m)	ընթերցող	[əntʰertsʰóġ]
tiragem (f)	տպաքանակ	[tpakʰanák]
mensal (adj)	ամսական	[amsakán]
semanal (adj)	շաբաթական	[šabatʰakán]
número (jornal, revista)	համար	[hamár]
recente, novo (adj)	թարմ	[tʰarm]
manchete (f)	վերնագիր	[vernagír]
pequeno artigo (m)	նյութ	[njutʰ]
coluna (~ semanal)	խորագիր	[χoragír]
artigo (m)	հոդված	[hodváts]
página (f)	էջ	[ēdʒ]
reportagem (f)	լրահաղորդում	[lrahaġordúm]
evento (festa, etc.)	դեպք	[depkʰ]
sensação (f)	սենսացիա	[sensátsʰia]
escândalo (m)	սկանդալ	[skandál]
escandaloso (adj)	սկանդալային	[skandalajín]
grande (adj)	մեծ	[mets]
programa (m)	հաղորդում	[haġordúm]
entrevista (f)	հարցազրույց	[hartsʰazrújtsʰ]

transmissão (f) ao vivo	ուղիղ հեռարձակում	[uġíġ herardzakúm]
canal (m)	ալիք	[alíkʰ]

102. Agricultura

agricultura (f)	գյուղատնտեսություն	[gjuġatntesutʰjún]
camponês (m)	գյուղացի	[gjuġatsʰí]
camponesa (f)	գյուղացի	[gjuġatsʰí]
agricultor, fazendeiro (m)	ֆերմեր	[fermér]
trator (m)	տրակտոր	[traktór]
colheitadeira (f)	կոմբայն	[kombájn]
arado (m)	գութան	[gutʰán]
arar (vt)	վարել	[varél]
campo (m) lavrado	վարելահող	[varelahóġ]
sulco (m)	ակոս	[akós]
semear (vt)	ցանել	[tsʰanél]
plantadeira (f)	սերմնացան մեքենա	[sermnatsʰán mekʰená]
semeadura (f)	ցանք	[tsʰankʰ]
foice (m)	գերանդի	[gerandí]
cortar com foice	հնձել	[hndzél]
pá (f)	բահ	[bah]
cavar (vt)	փորել	[pʰorél]
enxada (f)	կացին	[katsʰín]
capinar (vt)	քաղհանել	[kʰaġhanél]
erva (f) daninha	մոլախոտ	[molaχót]
regador (m)	ցնցուղ	[tsʰntsʰuġ]
regar (plantas)	ոռոգել	[vorogél]
rega (f)	ոռոգում	[vorogúm]
forquilha (f)	եղան	[eġán]
ancinho (m)	փոցխ	[pʰosχ]
fertilizante (m)	պարարտանյութ	[parartanjútʰ]
fertilizar (vt)	պարարտացնել	[parartatsʰnél]
estrume, esterco (m)	թրիք	[tʰrikʰ]
campo (m)	դաշտ	[dašt]
prado (m)	մարգագետին	[margagetín]
horta (f)	բանջարանոց	[bandʒaranótsʰ]
pomar (m)	այգի	[ajgí]
pastar (vt)	արածացնել	[aratsatsʰnél]
pastor (m)	հովիվ	[hovív]
pastagem (f)	արոտավայր	[arotavájr]
pecuária (f)	անասնաբուծություն	[anasnabutsutʰjún]
criação (f) de ovelhas	ոչխարաբուծություն	[vočχarabutsutʰjún]

plantação (f)	պլանտացիա	[plantáʦ^{h}ia]
canteiro (m)	մարգ	[marg]
estufa (f)	ջերմոց	[ʤermóʦ^h]
seca (f)	երաշտ	[erášt]
seco (verão ~)	չորային	[čorajín]
cereais (m pl)	հացաբույսեր	[haʦ^{h}abujsér]
colher (vt)	բերքահավաքել	[berk^{h}ahavak^{h}él]
moleiro (m)	ջրաղացպան	[ʤraġaʦ^{h}pán]
moinho (m)	ալրաղաց	[alraġáʦ^h]
moer (vt)	ցորեն աղալ	[ʦ^{h}orén aġál]
farinha (f)	ալյուր	[aljúr]
palha (f)	ծղոտ	[ʦġot]

103. Construção. Processo de construção

canteiro (m) de obras	շինարարություն	[šinararut^{h}jún]
construir (vt)	կառուցել	[karuʦ^{h}él]
construtor (m)	շինարար	[šinarár]
projeto (m)	նախագիծ	[naχagíʦ]
arquiteto (m)	ճարտարապետ	[čartarapét]
operário (m)	բանվոր	[banvór]
fundação (f)	հիմք	[himk^h]
telhado (m)	տանիք	[taník^h]
estaca (f)	ցցագերան	[ʦ^{h}ʦ^{h}agerán]
parede (f)	պատ	[pat]
colunas (f pl) de sustentação	ամրան	[amrán]
andaime (m)	շինափայտ	[šinap^{h}ájt]
concreto (m)	բետոն	[betón]
granito (m)	գրանիտ	[granít]
pedra (f)	քար	[k^{h}ar]
tijolo (m)	աղյուս	[aġjús]
areia (f)	ավազ	[aváz]
cimento (m)	ցեմենտ	[ʦ^{h}emént]
emboço, reboco (m)	ծեփ	[ʦep^h]
emboçar, rebocar (vt)	սվաղել	[svaġél]
tinta (f)	ներկ	[nerk]
pintar (vt)	ներկել	[nerkél]
barril (m)	տակառ	[takár]
grua (f), guindaste (m)	ամբարձիչ	[ambarʣíč]
erguer (vt)	բարձրացնել	[barʣraʦ^{h}nél]
baixar (vt)	իջեցնել	[iʤeʦ^{h}nél]
buldózer (m)	բուլդոզեր	[buldozér]
escavadora (f)	էքսկավատոր	[ēk^{h}skavatór]

caçamba (f)	**շերեփ**	[šerép^h]
escavar (vt)	**փորել**	[p^{h}orél]
capacete (m) de proteção	**սաղավարտ**	[saġavárt]

Profissões e ocupações

104. Procura de emprego. Demissão

trabalho (m)	աշխատանք	[ašχatánkʰ]
pessoal (m)	աշխատակազմ	[ašχatakázm]
carreira (f)	կարիերա	[karéra]
perspectivas (f pl)	հեռանկար	[herankár]
habilidades (f pl)	վարպետություն	[varpetutʰjún]
seleção (f)	ընտրություն	[əntrutʰjún]
agência (f) de emprego	աշխատանքի տեղավորման գործակալություն	[ašχatankʰí teġavormán gortsakalutʰjún]
currículo (m)	ինքնակենսագրություն	[inkʰnakensagrutʰjún]
entrevista (f) de emprego	հարցազրույց	[hartsʰazrújtsʰ]
vaga (f)	թափուր աշխատատեղ	[tʰapʰúr ašχatatéġ]
salário (m)	աշխատավարձ	[ašχatavárdz]
salário (m) fixo	դրույք	[drujkʰ]
pagamento (m)	վարձավճար	[vardzavčár]
cargo (m)	պաշտոն	[paštón]
dever (do empregado)	պարտականություն	[partakanutʰjún]
gama (f) de deveres	շրջանակ	[šrdʒanák]
ocupado (adj)	զբաղված	[zbaġváts]
despedir, demitir (vt)	հեռացնել	[heratsʰnél]
demissão (f)	հեռացում	[heratsʰúm]
desemprego (m)	գործազրկություն	[gortsazrkutʰjún]
desempregado (m)	գործազուրկ	[gortsazúrk]
aposentadoria (f)	թոշակ	[tʰošák]
aposentar-se (vr)	թոշակի գնալ	[tʰošakí gnál]

105. Gente de negócios

diretor (m)	տնօրեն	[tnorén]
gerente (m)	կառավարիչ	[karavaríč]
patrão, chefe (m)	ղեկավար	[ġekavár]
superior (m)	պետ	[pet]
superiores (m pl)	ղեկավարություն	[ġekavarutʰjún]
presidente (m)	նախագահ	[naχagáh]
chairman (m)	նախագահ	[naχagáh]
substituto (m)	տեղակալ	[teġakál]
assistente (m)	օգնական	[ognakán]

secretário (m)	քարտուղար	[kʰartuġár]
secretário (m) pessoal	անձնական քարտուղար	[andznakán kʰartuġár]
homem (m) de negócios	գործարար	[gortsarár]
empreendedor (m)	ձեռներեց	[dzernerétsʰ]
fundador (m)	հիմնադիր	[himnadír]
fundar (vt)	հիմնադրել	[himnadrél]
principiador (m)	սահմանադրող	[sahmmanadróġ]
parceiro, sócio (m)	գործընկեր	[gortsənkér]
acionista (m)	բաժնետեր	[baʒnetér]
milionário (m)	միլիոնատեր	[milionatér]
bilionário (m)	միլիարդատեր	[miliardatér]
proprietário (m)	սեփականատեր	[sepʰakanatér]
proprietário (m) de terras	հողատեր	[hoġatér]
cliente (m)	հաճախորդ	[hačaχórd]
cliente (m) habitual	մշտական հաճախորդ	[mštakán hačaχórd]
comprador (m)	գնորդ	[gnord]
visitante (m)	հաճախորդ	[hačaχórd]
profissional (m)	պրոֆեսիոնալ	[profesionál]
perito (m)	փորձագետ	[pʰordzagét]
especialista (m)	մասնագետ	[masnagét]
banqueiro (m)	բանկատեր	[bankatér]
corretor (m)	բրոկեր	[bróker]
caixa (m, f)	գանձապահ	[gandzapáh]
contador (m)	հաշվապահ	[hašvapáh]
guarda (m)	անվտանգության աշխատակից	[anvtangutʰján ašχatakítsʰ]
investidor (m)	ներդրող	[nerdróġ]
devedor (m)	պարտապան	[partapán]
credor (m)	վարկառու	[varkarú]
mutuário (m)	փոխառու	[pʰoχarú]
importador (m)	ներկրող	[nerkróġ]
exportador (m)	արտահանող	[artahanóġ]
produtor (m)	արտադրող	[artadróġ]
distribuidor (m)	դիստրիբյուտոր	[distribjutór]
intermediário (m)	միջնորդ	[midʒnórd]
consultor (m)	խորհրդատու	[χorhrdatú]
representante comercial	ներկայացուցիչ	[nerkajatsʰutsʰíč]
agente (m)	գործակալ	[gortsakál]
agente (m) de seguros	ապահովագրական գործակալ	[apahovagrakán gortsakál]

106. Profissões de serviços

cozinheiro (m)	խոհարար	[χoharár]
chefe (m) de cozinha	շեֆ-խոհարար	[šéf χoharár]

padeiro (m)	հացթուխ	[hatsʰtʰúχ]
barman (m)	բարմեն	[barmén]
garçom (m)	մատուցող	[matutsʰóġ]
garçonete (f)	մատուցողուհի	[matutsʰoġuhí]
advogado (m)	փաստաբան	[pʰastabán]
jurista (m)	իրավաբան	[iravabán]
notário (m)	նոտար	[notár]
eletricista (m)	մոնտյոր	[montjor]
encanador (m)	սանտեխնիկ	[santeχník]
carpinteiro (m)	ատաղձագործ	[ataġdzagórts]
massagista (m)	մերսող	[mersóġ]
massagista (f)	մերսող	[mersóġ]
médico (m)	բժիշկ	[bʒišk]
taxista (m)	տաքսու վարորդ	[taksú varórd]
condutor (automobilista)	վարորդ	[varórd]
entregador (m)	առաքիչ	[arakʰíč]
camareira (f)	սպասավորուհի	[spasavoruhí]
guarda (m)	անվտանգության աշխատակից	[anvtangutʰján ašχatakítsʰ]
aeromoça (f)	ուղեկցորդուհի	[uġektsʰorduhí]
professor (m)	ուսուցիչ	[usutsʰíč]
bibliotecário (m)	գրադարանավար	[gradaranavár]
tradutor (m)	թարգմանիչ	[tʰargmaníč]
intérprete (m)	թարգմանիչ	[tʰargmaníč]
guia (m)	գիդ	[gid]
cabeleireiro (m)	վարսահարդար	[varsahardár]
carteiro (m)	փոստատար	[pʰostatár]
vendedor (m)	վաճառող	[vačaróġ]
jardineiro (m)	այգեպան	[ajgepán]
criado (m)	աղախին	[aġaχín]
criada (f)	աղախին	[aġaχín]
empregada (f) de limpeza	հավաքարար	[havakʰarár]

107. Profissões militares e postos

soldado (m) raso	շարքային	[šarkʰajín]
sargento (m)	սերժանտ	[serʒánt]
tenente (m)	լեյտենանտ	[lejtenánt]
capitão (m)	կապիտան	[kapitán]
major (m)	մայոր	[majór]
coronel (m)	գնդապետ	[gndapét]
general (m)	գեներալ	[generál]
marechal (m)	մարշալ	[maršál]
almirante (m)	ադմիրալ	[admirál]
militar (m)	զինվորական	[zinvorakán]

soldado (m)	զինվոր	[zinvór]
oficial (m)	սպա	[spa]
comandante (m)	հրամանատար	[hramanatár]
guarda (m) de fronteira	սահմանապահ	[sahmanapáh]
operador (m) de rádio	ռադիոկապավոր	[radiokapavór]
explorador (m)	հետախույզ	[hetaχújz]
sapador-mineiro (m)	սակրավոր	[sakravór]
atirador (m)	հրաձիգ	[hradzíg]
navegador (m)	ղեկապետ	[ġekapét]

108. Oficiais. Padres

rei (m)	թագավոր	[tʰagavór]
rainha (f)	թագուհի	[tʰaguhí]
príncipe (m)	արքայազն	[arkʰajázn]
princesa (f)	արքայադուստր	[arkʰajadústr]
czar (m)	թագավոր	[tʰagavór]
czarina (f)	թագուհի	[tʰaguhí]
presidente (m)	նախագահ	[naχagáh]
ministro (m)	նախարար	[naχarár]
primeiro-ministro (m)	վարչապետ	[varčapét]
senador (m)	սենատոր	[senatór]
diplomata (m)	դիվանագետ	[divanagét]
cônsul (m)	հյուպատոս	[hjupatós]
embaixador (m)	դեսպան	[despán]
conselheiro (m)	խորհրդական	[χorhrdakán]
funcionário (m)	պետական պաշտոնյա	[petakán paštonjá]
prefeito (m)	ոստիկանապետ	[vostikanapét]
Presidente (m) da Câmara	քաղաքապետ	[kʰaġakapét]
juiz (m)	դատավոր	[datavór]
procurador (m)	դատախազ	[dataχáz]
missionário (m)	միսիոներ	[misionér]
monge (m)	վանական	[vanakán]
abade (m)	աբբատ	[abbát]
rabino (m)	ռավվին	[ravvín]
vizir (m)	վեզիր	[vezír]
xá (m)	շահ	[šah]
xeique (m)	շեյխ	[šejχ]

109. Profissões agrícolas

abelheiro (m)	մեղվապահ	[meġvapáh]
pastor (m)	հովիվ	[hovív]

agrônomo (m) ագրոնոմ [agronóm]
criador (m) de gado անասնաբույծ [anasnabújts]
veterinário (m) անասնաբույժ [anasnabújʒ]

agricultor, fazendeiro (m) ֆերմեր [fermér]
vinicultor (m) գինեգործ [ginegórts]
zoólogo (m) կենդանաբան [kendanabán]
vaqueiro (m) կովբոյ [kovbój]

110. Profissões artísticas

ator (m) դերասան [derasán]
atriz (f) դերասանուհի [derasanuhí]

cantor (m) երգիչ [ergíč]
cantora (f) երգչուհի [ergčuhí]

bailarino (m) պարող [paróġ]
bailarina (f) պարուհի [paruhí]

artista (m) դերասան [derasán]
artista (f) դերասանուհի [derasanuhí]

músico (m) երաժիշտ [eraʒíšt]
pianista (m) դաշնակահար [dašnakahár]
guitarrista (m) կիթառահար [kitʰarahár]

maestro (m) դիրիժոր [diriʒor]
compositor (m) կոմպոզիտոր [kompozitór]
empresário (m) իմպրեսարիո [impresário]

diretor (m) de cinema ռեժիսոր [reʒisjor]
produtor (m) պրոդյուսեր [prodjusér]
roteirista (m) սցենարի հեղինակ [stsʰenarí heġinák]
crítico (m) քննադատ [kʰnnadát]

escritor (m) գրող [groġ]
poeta (m) բանաստեղծ [banastéġts]
escultor (m) քանդակագործ [kʰandakagórts]
pintor (m) նկարիչ [nkaríč]

malabarista (m) ձեռնածու [dzernatsú]
palhaço (m) ծաղրածու [tsaġratsú]
acrobata (m) ակրոբատ [akrobát]
ilusionista (m) աճպարար [ačparár]

111. Várias profissões

médico (m) բժիշկ [bʒišk]
enfermeira (f) բուժքույր [buʒkʰújr]
psiquiatra (m) հոգեբույժ [hogebújʒ]
dentista (m) ատամնաբույժ [atamnabújʒ]

cirurgião (m)	վիրաբույժ	[virabújʒ]
astronauta (m)	աստղանավորդ	[astġanavórd]
astrônomo (m)	աստղագետ	[astġagét]
piloto (m)	օդաչու	[odačú]
motorista (m)	վարորդ	[varórd]
maquinista (m)	մեքենավար	[mekʰenavár]
mecânico (m)	մեխանիկ	[meχaník]
mineiro (m)	հանքափոր	[hankʰapʰór]
operário (m)	բանվոր	[banvór]
serralheiro (m)	փականագործ	[pʰakanagórʦ]
marceneiro (m)	ատաղձագործ	[ataġʣagórʦ]
torneiro (m)	խառատ	[χarát]
construtor (m)	շինարար	[šinarár]
soldador (m)	զոդագործ	[zodagórʦ]
professor (m)	պրոֆեսոր	[profesór]
arquiteto (m)	ճարտարապետ	[čartarapét]
historiador (m)	պատմաբան	[patmabán]
cientista (m)	գիտնական	[gitnakán]
físico (m)	ֆիզիկոս	[fizikós]
químico (m)	քիմիկոս	[kʰimikós]
arqueólogo (m)	հնագետ	[hnagét]
geólogo (m)	երկրաբան	[erkrabán]
pesquisador (cientista)	հետազոտող	[hetazotóġ]
babysitter, babá (f)	դայակ	[daják]
professor (m)	մանկավարժ	[mankavárʒ]
redator (m)	խմբագիր	[χmbagír]
redator-chefe (m)	գլխավոր խմբագիր	[glχavór χmbagír]
correspondente (m)	թղթակից	[tʰġtʰakíʦʰ]
datilógrafa (f)	մեքենագրուհի	[mekʰenagruhí]
designer (m)	դիզայներ	[dizajnér]
especialista (m) em informática	համակարգչի մասնագետ	[hamakargčí masnagét]
programador (m)	ծրագրավորող	[ʦragravoróġ]
engenheiro (m)	ինժեներ	[inʒenér]
marujo (m)	ծովային	[ʦovajín]
marinheiro (m)	նավաստի	[navastí]
socorrista (m)	փրկարար	[pʰrkarár]
bombeiro (m)	հրշեջ	[hršeʤ]
polícia (m)	ոստիկան	[vostikán]
guarda-noturno (m)	պահակ	[pahák]
detetive (m)	խուզարկու	[χuzarkú]
funcionário (m) da alfândega	մաքսավոր	[makʰsavór]
guarda-costas (m)	թիկնապահ	[tʰiknapáh]
guarda (m) prisional	պահակ	[pahák]
inspetor (m)	տեսուչ	[tesúč]
esportista (m)	մարզիկ	[marzík]

treinador (m)	մարզիչ	[marzíč]
açougueiro (m)	մսավաճառ	[msavačár]
sapateiro (m)	կոշկակար	[koškakár]
comerciante (m)	առևտրական	[arevtrakán]
carregador (m)	բեռնակիր	[bernakír]
estilista (m)	մոդելեր	[modelér]
modelo (f)	մոդել	[modél]

112. Ocupações. Estatuto social

estudante (~ de escola)	աշակերտ	[ašakért]
estudante (~ universitária)	ուսանող	[usanóġ]
filósofo (m)	փիլիսոփա	[pʰilisopá]
economista (m)	տնտեսագետ	[tntesagét]
inventor (m)	գյուտարար	[gjutarár]
desempregado (m)	գործազուրկ	[gortsazúrk]
aposentado (m)	թոշակառու	[tʰošakarú]
espião (m)	լրտես	[lrtes]
preso, prisioneiro (m)	բանտարկյալ	[bantarkjál]
grevista (m)	գործադուլավոր	[gortsadulavór]
burocrata (m)	բյուրոկրատ	[bjurokrát]
viajante (m)	ճանապարհորդ	[čanaparhórd]
homossexual (m)	համասեռամոլ	[hamaseramól]
hacker (m)	խակեր	[χakér]
bandido (m)	ավազակ	[avazák]
assassino (m)	վարձու մարդասպան	[vardzú mardaspán]
drogado (m)	թմրամոլ	[tʰmramól]
traficante (m)	թմրավաճառ	[tʰmravačár]
prostituta (f)	պոռնիկ	[porník]
cafetão (m)	կավատ	[kavát]
bruxo (m)	կախարդ	[kaχárd]
bruxa (f)	կախարդուհի	[kaχarduhí]
pirata (m)	ծովահեն	[tsovahén]
escravo (m)	ստրուկ	[struk]
samurai (m)	սամուրայ	[samuráj]
selvagem (m)	վայրագ	[vajrág]

Desportos

113. Tipos de desportos. Desportistas

esportista (m)	մարզիկ	[marzík]
tipo (m) de esporte	մարզաձև	[marzadzév]
basquete (m)	բասկետբոլ	[basketból]
jogador (m) de basquete	բասկետբոլիստ	[basketbolíst]
beisebol (m)	բեյսբոլ	[bejsból]
jogador (m) de beisebol	բեյսբոլիստ	[bejsbolíst]
futebol (m)	ֆուտբոլ	[futból]
jogador (m) de futebol	ֆուտբոլիստ	[futbolíst]
goleiro (m)	դարպասապահ	[darpasapáh]
hóquei (m)	հոկեյ	[hokéj]
jogador (m) de hóquei	հոկեյիստ	[hokeíst]
vôlei (m)	վոլեյբոլ	[volejból]
jogador (m) de vôlei	վոլեյբոլիստ	[volejbolíst]
boxe (m)	բռնցքամարտ	[brntsʰkʰamárt]
boxeador (m)	բռնցքամարտիկ	[brntsʰkʰamartík]
luta (f)	ըմբշամարտ	[əmbšamárt]
lutador (m)	ըմբիշ	[əmbíš]
caratê (m)	կարատե	[karaté]
carateca (m)	կարատեիստ	[karateíst]
judô (m)	ձյուդո	[dzjudó]
judoca (m)	ձյուդոիստ	[dzjudoíst]
tênis (m)	թենիս	[tʰenís]
tenista (m)	թենիսիստ	[tʰenisíst]
natação (f)	լող	[loġ]
nadador (m)	լողորդ	[loġórd]
esgrima (f)	սուսերամարտ	[suseramárt]
esgrimista (m)	սուսերամարտիկ	[suseramartík]
xadrez (m)	շախմատ	[šaχmát]
jogador (m) de xadrez	շախմատիստ	[šaχmatíst]
alpinismo (m)	լեռնագնացություն	[lernagnatsʰutʰjún]
alpinista (m)	լեռնագնաց	[lernagnátsʰ]
corrida (f)	մրցավազք	[mrtsʰavázkʰ]

corredor (m)	մրցավազող	[mrtsʰavazóġ]
atletismo (m)	թեթև ատլետիկա	[tʰetʰév atlétika]
atleta (m)	ատլետ	[atlét]
hipismo (m)	ձիասպորտ	[dziaspórt]
cavaleiro (m)	հեծյալ	[hetsjál]
patinação (f) artística	գեղասահք	[geġasáhkʰ]
patinador (m)	գեղասահորդ	[geġasahórd]
patinadora (f)	գեղասահորդուհի	[geġasahorduhí]
halterofilismo (m)	ծանրամարտ	[tsanramárt]
halterofilista (m)	ծանրամարտիկ	[tsanramartík]
corrida (f) de carros	ավտոմրցարշավ	[avtomrtsʰaršáv]
piloto (m)	ավտոմրցարշավորդ	[avtomrtsʰaršavórd]
ciclismo (m)	հեծանվասպորտ	[hetsanvaspórt]
ciclista (m)	հեծանվորդ	[hetsanvórd]
salto (m) em distância	երկարացատկ	[erkaratsʰátk]
salto (m) com vara	ձողով ցատկ	[dzoġóv tsʰatk]
atleta (m) de saltos	ցատկորդ	[tsʰatkórd]

114. Tipos de desportos. Diversos

futebol (m) americano	ամերիկյան ֆուտբոլ	[amerikján futból]
badminton (m)	բադմինտոն	[badmintón]
biatlo (m)	բիատլոն	[biatlón]
bilhar (m)	բիլյարդ	[biljárd]
bobsled (m)	բոբսլեյ	[bobsléj]
musculação (f)	բոդիբիլդինգ	[bodibílding]
polo (m) aquático	ջրային պոլո	[dʒrajín pólo]
handebol (m)	գանդբոլ	[gandból]
golfe (m)	գոլֆ	[golf]
remo (m)	թիավարություն	[tʰiavarutʰjún]
mergulho (m)	դայվինգ	[dájving]
corrida (f) de esqui	դահուկային մրցավազք	[dahukajín mrtsʰavázkʰ]
tênis (m) de mesa	սեղանի թենիս	[seġaní tʰenís]
vela (f)	առագաստանավային սպորտ	[aragastanavajín sport]
rali (m)	ավտոմրցարշավ	[avtomrtsʰaršáv]
rúgbi (m)	ռեգբի	[régbi]
snowboard (m)	սնոուբորդ	[snoubórd]
arco-e-flecha (m)	նետաձգություն	[netadzgutʰjún]

115. Ginásio

barra (f)	ծանրաձող	[tsanradzóġ]
halteres (m pl)	մարզագնդեր	[marzagndér]

aparelho (m) de musculação	մարզային սարքավորանք	[marzajín sarkavoránk^h]
bicicleta (f) ergométrica	հեծանվային մարզասարք	[heʦanvajín marzasárk^h]
esteira (f) de corrida	վազքուղի	[vazk^{h}uġí]
barra (f) fixa	մարզաձող	[marzaʣóġ]
barras (f pl) paralelas	զուգափայտեր	[zugap^{h}ajtér]
cavalo (m)	նժույգ	[nʒujg]
tapete (m) de ginástica	մատ	[mat]
aeróbica (f)	աէրոբիկա	[aēróbika]
ioga, yoga (f)	յոգա	[jóga]

116. Desportos. Diversos

Jogos (m pl) Olímpicos	օլիմպիական խաղեր	[olimpiakán χaġér]
vencedor (m)	հաղթող	[haġt^{h}óġ]
vencer (vi)	հաղտել	[haġtél]
vencer (vi, vt)	հաղթել	[haġt^{h}él]
líder (m)	առաջատար	[araʤatár]
liderar (vt)	գլխավորել	[glχavorél]
primeiro lugar (m)	առաջին տեղ	[araʤín téġ]
segundo lugar (m)	երկրորդ տեղ	[erkrórd teġ]
terceiro lugar (m)	երրորդ տեղ	[errórd teġ]
medalha (f)	մեդալ	[medál]
troféu (m)	հաղթանշան	[haġt^{h}anšán]
taça (f)	գավաթ	[gavát^h]
prêmio (m)	մրցանակ	[mrʦ^{h}anák]
prêmio (m) principal	գլխավոր մրցանակ	[glχavór mrʦ^{h}anák]
recorde (m)	ռեկորդ	[rekórd]
estabelecer um recorde	սահմանել ռեկորդ	[sahmanél rekórd]
final (m)	ավարտ	[avárt]
final (adj)	եզրափակիչ	[ezrap^{h}akíč]
campeão (m)	չեմպիոն	[čempión]
campeonato (m)	առաջնություն	[araʤnut^{h}jún]
estádio (m)	մարզադաշտ	[marzadášt]
arquibancadas (f pl)	տրիբունա	[tribúna]
fã, torcedor (m)	մարզասեր	[marzasér]
adversário (m)	հակառակորդ	[hakarakórd]
partida (f)	մեկնարկ	[meknárk]
linha (f) de chegada	վերջնագիծ	[verʤnagíʦ]
derrota (f)	պարտություն	[partut^{h}jún]
perder (vt)	պարտվել	[partvél]
árbitro, juiz (m)	մրցավար	[mrʦ^{h}avár]
júri (m)	ժյուրի	[ʒjúri]

resultado (m)	հաշիվ	[hašív]
empate (m)	ոչ ոքի	[voč vokʰí]
empatar (vi)	ոչ ոքի խաղալ	[voč vokʰí χaġál]
ponto (m)	միավոր	[miavór]
resultado (m) final	արդյունք	[ardjúnkʰ]
intervalo (m)	ընդմիջում	[əndmidʒúm]
doping (m)	դոպինգ	[dopíng]
penalizar (vt)	տուգանել	[tuganél]
desqualificar (vt)	որակազրկել	[vorakazrkél]
aparelho, aparato (m)	մարզագործիք	[marzagorʦíkʰ]
dardo (m)	նիզակ	[nizák]
peso (m)	գունդ	[gund]
bola (f)	գնդակ	[gndak]
alvo, objetivo (m)	նշանակետ	[nšanakét]
alvo (~ de papel)	նշանակետ	[nšanakét]
disparar, atirar (vi)	կրակել	[krakél]
preciso (tiro ~)	ճշգրիտ	[čšgrit]
treinador (m)	մարզիչ	[marzíč]
treinar (vt)	մարզել	[marzél]
treinar-se (vr)	մարզվել	[marzvél]
treino (m)	մարզում	[marzúm]
academia (f) de ginástica	մարզադահլիճ	[marzadahlíč]
exercício (m)	վարժություն	[varʒutʰjún]
aquecimento (m)	նախավարժանք	[naχavarʒánkʰ]

Educação

117. Escola

escola (f)	դպրոց	[dproʦ^h]
diretor (m) de escola	դպրոցի տնօրեն	[dproʦ^{h}í tnorén]
aluno (m)	աշակերտ	[ašakért]
aluna (f)	աշակերտուհի	[ašakertuhí]
estudante (m)	աշակերտ	[ašakért]
estudante (f)	դպրոցական	[dproʦ^{h}akán]
ensinar (vt)	դասավանդել	[dasavandél]
aprender (vt)	սովորել	[sovorél]
decorar (vt)	անգիր անել	[angír anél]
estudar (vi)	սովորել	[sovorél]
estar na escola	սովորել	[sovorél]
ir à escola	դպրոց գնալ	[dpróʦ^h gnal]
alfabeto (m)	այբուբեն	[ajbubén]
disciplina (f)	առարկա	[ararká]
sala (f) de aula	դասարան	[dasarán]
lição, aula (f)	դաս	[das]
recreio (m)	դասամիջոց	[dasamiʤóʦ^h]
toque (m)	զանգ	[zang]
classe (f)	դասասեղան	[dasaseġán]
quadro (m) negro	գրատախտակ	[grataχták]
nota (f)	թվանշան	[t^{h}vanšán]
boa nota (f)	լավ թվանշան	[lav t^{h}vanšán]
nota (f) baixa	վատ թվանշան	[vat t^{h}vanšán]
dar uma nota	թվանշան նշանակել	[t^{h}vanšán nšanakél]
erro (m)	սխալ	[sχal]
errar (vi)	սխալներ թույլ տալ	[sχalnér t^{h}ujl tal]
corrigir (~ um erro)	ուղղել	[uġġél]
cola (f)	ծածկաթերթիկ	[ʦaʦkat^{h}ertík]
dever (m) de casa	տնային առաջադրանք	[tnajín araʤadránk^h]
exercício (m)	վարժություն	[varʒut^{h}jún]
estar presente	ներկա լինել	[nerká linél]
estar ausente	բացակայել	[baʦ^{h}akaél]
punir (vt)	պատժել	[patʒél]
punição (f)	պատիժ	[patíʒ]
comportamento (m)	վարք	[vark^h]

boletim (m) escolar	օրագիր	[oragír]
lápis (m)	մատիտ	[matít]
borracha (f)	ռետին	[retín]
giz (m)	կավիճ	[kavíč]
porta-lápis (m)	գրչատուփ	[grčatúpʰ]
mala, pasta, mochila (f)	դասապայուսակ	[dasapajusák]
caneta (f)	գրիչ	[grič]
caderno (m)	տետր	[tetr]
livro (m) didático	դասագիրք	[dasagírkʰ]
compasso (m)	կարկին	[karkín]
traçar (vt)	գծագրել	[gtsagrél]
desenho (m) técnico	գծագիր	[gtsagír]
poesia (f)	բանաստեղծություն	[banasteġtsutʰjún]
de cor	անգիր	[angír]
decorar (vt)	անգիր անել	[angír anél]
férias (f pl)	արձակուրդներ	[ardzakurdnér]
estar de férias	արձակուրդների մեջ լինել	[ardzakurdnerí médʒ linél]
teste (m), prova (f)	ստուգողական աշխատանք	[stugoġakán ašχatánkʰ]
redação (f)	շարադրություն	[šaradrutʰjún]
ditado (m)	թելադրություն	[tʰeladrutʰjún]
exame (m), prova (f)	քննություն	[kʰnnutʰjún]
fazer prova	քննություն հանձնել	[kʰnnutʰjún handznél]
experiência (~ química)	փորձ	[pʰordz]

118. Colégio. Universidade

academia (f)	ակադեմիա	[akadémia]
universidade (f)	համալսարան	[hamalsarán]
faculdade (f)	ֆակուլտետ	[fakultét]
estudante (m)	ուսանող	[usanóġ]
estudante (f)	ուսանողուհի	[usanoġuhí]
professor (m)	դասախոս	[dasaχós]
auditório (m)	լսարան	[lsarán]
graduado (m)	շրջանավարտ	[šrdʒanavárt]
diploma (m)	դիպլոմ	[diplóm]
tese (f)	դիսերտացիա	[disertátsʰia]
estudo (obra)	հետազոտություն	[hetazotutʰjún]
laboratório (m)	լաբորատորիա	[laboratória]
palestra (f)	դասախոսություն	[dasaχosutʰjún]
colega (m) de curso	համակուրսեցի	[hamakursetsʰí]
bolsa (f) de estudos	կրթաթոշակ	[krtʰatʰošák]
grau (m) acadêmico	գիտական աստիճան	[gitakán astičán]

119. Ciências. Disciplinas

matemática (f)	մաթեմատիկա	[mat^{h}emátika]
álgebra (f)	հանրահաշիվ	[hanrahašív]
geometria (f)	երկրաչափություն	[erkračap^{h}ut^{h}jún]
astronomia (f)	աստղագիտություն	[astġagitut^{h}jún]
biologia (f)	կենսաբանություն	[kensabanut^{h}jún]
geografia (f)	աշխարհագրություն	[ašχarhagrut^{h}jún]
geologia (f)	երկրաբանություն	[erkrabanut^{h}jún]
história (f)	պատմություն	[patmut^{h}jún]
medicina (f)	բժշկություն	[bʒškut^{h}jún]
pedagogia (f)	մանկավարժություն	[mankavarʒut^{h}jún]
direito (m)	իրավունք	[iravúnk^h]
física (f)	ֆիզիկա	[fízika]
química (f)	քիմիա	[k^{h}ímia]
filosofia (f)	փիլիսոփայություն	[p^{h}ilisopajut^{h}jún]
psicologia (f)	հոգեբանություն	[hogebanut^{h}jún]

120. Sistema de escrita. Ortografia

gramática (f)	քերականություն	[k^{h}erakanut^{h}jún]
vocabulário (m)	բառագիտություն	[baragitut^{h}jún]
fonética (f)	հնչյունաբանություն	[hnčjunabanut^{h}jún]
substantivo (m)	գոյական	[gojakán]
adjetivo (m)	ածական	[aʦakán]
verbo (m)	բայ	[baj]
advérbio (m)	մակբայ	[makbáj]
pronome (m)	դերանուն	[deranún]
interjeição (f)	ձայնարկություն	[ʣajnarkut^{h}jún]
preposição (f)	նախդիր	[naχdír]
raiz (f)	արմատ	[armát]
terminação (f)	վերջավորություն	[verʤavorut^{h}jún]
prefixo (m)	նախածանց	[naχaʦánʦ^h]
sílaba (f)	վանկ	[vank]
sufixo (m)	վերջածանց	[verʤaʦánʦ^h]
acento (m)	շեշտ	[šešt]
apóstrofo (f)	ապաթարց	[apat^{h}árʦ^h]
ponto (m)	վերջակետ	[verʤakét]
vírgula (f)	ստորակետ	[storakét]
ponto e vírgula (m)	միջակետ	[miʤakét]
dois pontos (m pl)	բութ	[but^h]
reticências (f pl)	բազմակետ	[bazmakét]
ponto (m) de interrogação	հարցական նշան	[harʦ^{h}akán nšan]
ponto (m) de exclamação	բացականչական նշան	[baʦ^{h}akančakán nšán]

aspas (f pl)	չակերտներ	[čakertnér]
entre aspas	չակերտների մեջ	[čakertnerí médʒ]
parênteses (m pl)	փակագծեր	[p^{h}akagtsér]
entre parênteses	փակագծերի մեջ	[p^{h}akagtserí medʒ]
hífen (m)	միացման գիծ	[miats^{h}mán gits]
travessão (m)	անջատման գիծ	[andʒatmán gíts]
espaço (m)	բաց	[bats^h]
letra (f)	տառ	[tar]
letra (f) maiúscula	մեծատառ	[metsatár]
vogal (f)	ձայնավոր	[dzajnavór]
consoante (f)	բաղաձայն	[baġadzájn]
frase (f)	նախադասություն	[naχadasut^{h}jún]
sujeito (m)	ենթակա	[ent^{h}aká]
predicado (m)	ստորոգյալ	[storogjál]
linha (f)	տող	[toġ]
em uma nova linha	նոր տողից	[nor toġíts^h]
parágrafo (m)	պարբերություն	[parberut^{h}jún]
palavra (f)	բառ	[bar]
grupo (m) de palavras	բառակապակցություն	[barakapakts^{h}ut^{h}jún]
expressão (f)	արտահայտություն	[artahajtut^{h}jún]
sinônimo (m)	հոմանիշ	[homaníš]
antônimo (m)	հականիշ	[hakaníš]
regra (f)	կանոն	[kanón]
exceção (f)	բացառություն	[bats^{h}arut^{h}jún]
correto (adj)	ճիշտ	[čišt]
conjugação (f)	խոնարհում	[χonarhúm]
declinação (f)	հոլովում	[holovúm]
caso (m)	հոլով	[holóv]
pergunta (f)	հարց	[harts^h]
sublinhar (vt)	ընդգծել	[əndgtsél]
linha (f) pontilhada	կետագիծ	[ketagíts]

121. Línguas estrangeiras

língua (f)	լեզու	[lezú]
língua (f) estrangeira	օտար լեզու	[otár lezú]
estudar (vt)	ուսումնասիրել	[usumnasirél]
aprender (vt)	սովորել	[sovorél]
ler (vt)	կարդալ	[kardál]
falar (vi)	խոսել	[χosél]
entender (vt)	հասկանալ	[haskanál]
escrever (vt)	գրել	[grel]
rapidamente	արագ	[arág]
devagar, lentamente	դանդաղ	[dandáġ]

fluentemente	ազատ	[azát]
regras (f pl)	կանոն	[kanón]
gramática (f)	քերականություն	[kʰerakanutʰjún]
vocabulário (m)	բառագիտություն	[baragitutʰjún]
fonética (f)	հնչյունաբանություն	[hnčjunabanutʰjún]
livro (m) didático	դասագիրք	[dasagírkʰ]
dicionário (m)	բառարան	[bararán]
manual (m) autodidático	ինքնուսույց	[inkʰnusújʦʰ]
guia (m) de conversação	զրուցարան	[zruʦʰarán]
fita (f) cassete	ձայներիզ	[ʣajneríz]
videoteipe (m)	տեսաերիզ	[tesaeríz]
CD (m)	խտասկավառակ	[χtaskavarák]
DVD (m)	DVD-սկավառակ	[dividí skavarák]
alfabeto (m)	այբուբեն	[ajbubén]
soletrar (vt)	տառերով արտասանել	[tareróv artasanél]
pronúncia (f)	արտասանություն	[artasanutʰjún]
sotaque (m)	ակցենտ	[akʦʰént]
com sotaque	ակցենտով	[akʦʰentóv]
sem sotaque	առանց ակցենտ	[aránʦʰ akʦʰént]
palavra (f)	բառ	[bar]
sentido (m)	իմաստ	[imást]
curso (m)	դասընթաց	[dasəntʰáʦʰ]
inscrever-se (vr)	գրանցվել	[granʦʰvél]
professor (m)	ուսուցիչ	[usuʦʰíč]
tradução (processo)	թարգմանություն	[tʰargmanutʰjún]
tradução (texto)	թարգմանություն	[tʰargmanutʰjún]
tradutor (m)	թարգմանիչ	[tʰargmaníč]
intérprete (m)	թարգմանիչ	[tʰargmaníč]
poliglota (m)	պոլիգլոտ	[poliglót]
memória (f)	հիշողություն	[hišoġutʰjún]

122. Personagens de contos de fadas

Papai Noel (m)	Սանթա Քլաուս	[sántʰa kʰláus]
sereia (f)	ջրահարս	[ʤrahárs]
bruxo, feiticeiro (m)	կախարդ	[kaχárd]
fada (f)	կախարդուհի	[kaχarduhí]
mágico (adj)	կախարդական	[kaχardakán]
varinha (f) mágica	կախարդական փայտիկ	[kaχardakán pʰajtík]
conto (m) de fadas	հեքիաթ	[hekʰiátʰ]
milagre (m)	հրաշք	[hrašk]
anão (m)	թզուկ	[tʰzuk]
transformar-se em ...	... դառնալ	[... darnál]
fantasma (m)	ուրվական	[urvakán]

fantasma (m)	ուրվական	[urvakán]
monstro (m)	հրեշ	[hreš]
dragão (m)	դեվ	[dev]
gigante (m)	հսկա	[hska]

123. Signos do Zodíaco

Áries (f)	Խոյ	[χoj]
Touro (m)	Ցուլ	[ʦʰul]
Gêmeos (m pl)	Երկվորյակներ	[erkvorjaknér]
Câncer (m)	Խեցգետին	[χeʦʰgetín]
Leão (m)	Առյուծ	[arjúʦ]
Virgem (f)	Կույս	[kujs]
Libra (f)	Կշեռք	[kšerkʰ]
Escorpião (m)	Կարիճ	[karíč]
Sagitário (m)	Աղեղնավոր	[aġeġnavór]
Capricórnio (m)	Այծեղջյուր	[ajʦeġʤjúr]
Aquário (m)	Ջրհոս	[dʒrhos]
Peixes (pl)	Ձկներ	[ʣkner]
caráter (m)	բնավորություն	[bnavorutʰjún]
traços (m pl) do caráter	բնավորության գծեր	[bnavorutʰján gʦér]
comportamento (m)	վարքագիծ	[varkʰagíʦ]
prever a sorte	գուշակել	[gušakél]
adivinha (f)	գուշակ	[gušák]
horóscopo (m)	աստղագուշակ	[astġagušák]

Artes

124. Teatro

teatro (m)	թատրոն	[tʰatrón]
ópera (f)	օպերա	[operá]
opereta (f)	օպերետ	[operét]
balé (m)	բալետ	[balét]
cartaz (m)	ազդագիր	[azdagír]
companhia (f) de teatro	թատերախումբ	[tʰatʰeraχúmb]
turnê (f)	հյուրախաղեր	[hjuraχaġér]
estar em turnê	հյուրախաղերով հանդես գալ	[hjuraχaġeróv handés gál]
ensaiar (vt)	փորձ	[pʰorʣ]
ensaio (m)	փորձել	[pʰorʣél]
repertório (m)	խաղացանկ	[χaġaʦʰánk]
apresentação (f)	ներկայացում	[nerkajaʦʰúm]
espetáculo (m)	թատերական ներկայացում	[tʰatʰerakán nerkajaʦʰúm]
peça (f)	պիես	[piés]
entrada (m)	տոմս	[toms]
bilheteira (f)	տոմսարկղ	[tomsárkġ]
hall (m)	նախասրահ	[naχasráh]
vestiário (m)	հանդերձարան	[handerʣarán]
senha (f) numerada	համարապիտակ	[hamarapiták]
binóculo (m)	հեռադիտակ	[heraditák]
lanterninha (m)	հսկիչ	[hskič]
plateia (f)	պարտեր	[partér]
balcão (m)	պատշգամբ	[patšgámb]
primeiro balcão (m)	դստիկոն	[dstikón]
camarote (m)	օթյակ	[otʰják]
fila (f)	շարք	[šarkʰ]
assento (m)	տեղ	[teġ]
público (m)	հասարակություն	[hasarakutʰjún]
espectador (m)	հանդիսատես	[handisatés]
aplaudir (vt)	ծափահարել	[ʦapʰaharél]
aplauso (m)	ծափահարություններ	[ʦapʰaharutʰjúnnér]
ovação (f)	բուռն ծափահարություններ	[búrn ʦapʰaharutʰjúnnér]
palco (m)	բեմ	[bem]
cortina (f)	վարագույր	[varagújr]
cenário (m)	բեմանկար	[bemankár]
bastidores (m pl)	կուլիսներ	[kulisnér]
cena (f)	տեսարան	[tesarán]
ato (m)	ակտ	[akt]
intervalo (m)	ընդմիջում	[əndmiʤúm]

125. Cinema

ator (m)	դերասան	[derasán]
atriz (f)	դերասանուհի	[derasanuhí]
cinema (m)	կինո	[kinó]
filme (m)	կինոնկար	[kinonkár]
episódio (m)	սերիա	[séria]
filme (m) policial	դետեկտիվ	[detektív]
filme (m) de ação	մարտաֆիլմ	[martafílm]
filme (m) de aventuras	արկածային ֆիլմ	[arkaʦajín fílm]
filme (m) de ficção científica	ֆանտաստիկ ֆիլմ	[fantastík fílm]
filme (m) de horror	սարսափ տեսաֆիլմ	[sarsápʰ film]
comédia (f)	կինոկատակերգություն	[kinokatakergutʰjún]
melodrama (m)	մելոդրամա	[melodráma]
drama (m)	դրամա	[dráma]
filme (m) de ficção	գեղարվեստական կինոնկար	[geġarvestakán kinonkár]
documentário (m)	փաստագրական կինոնկար	[pʰastagrakán kinonkár]
desenho (m) animado	մուլտֆիլմ	[martafílm]
cinema (m) mudo	համր ֆիլմ	[hamr film]
papel (m)	դեր	[der]
papel (m) principal	գլխավոր դեր	[glχavór dér]
representar (vt)	խաղալ	[χaġál]
estrela (f) de cinema	կինոաստղ	[kinoástġ]
conhecido (adj)	հայտնի	[hajtní]
famoso (adj)	հայտնի	[hajtní]
popular (adj)	հանրաճանաչ	[hanračanáč]
roteiro (m)	սցենար	[sʦʰenár]
roteirista (m)	սցենարի հեղինակ	[sʦʰenarí heġinák]
diretor (m) de cinema	ռեժիսոր	[reʒisjor]
produtor (m)	պրոդյուսեր	[prodjusér]
assistente (m)	օգնական	[ognakán]
diretor (m) de fotografia	օպերատոր	[operátor]
dublê (m)	կասկադյոր	[kaskadjor]
filmar (vt)	ֆիլմ նկարահանել	[fílm nkarahanél]
audição (f)	փորձ	[pʰorʣ]
filmagem (f)	նկարահանումներ	[nkarahanumnér]
equipe (f) de filmagem	նկարահանող խումբ	[nkarahanóġ χumb]
set (m) de filmagem	նկարահանման հարթակ	[nkarahanmán hartʰák]
câmera (f)	տեսախցիկ	[tesaχʦʰík]
cinema (m)	կինոթատրոն	[kinotʰatrón]
tela (f)	էկրան	[ēkrán]
exibir um filme	ֆիլմ ցուցադրել	[fílm ʦʰuʦʰadrél]
trilha (f) sonora	հնչյունային ուղի	[hnčjunajín uġí]
efeitos (m pl) especiais	հատուկ էֆեկտներ	[hatúk ēfektnér]

legendas (f pl)	ենթագիր	[entʰagír]
crédito (m)	մակագիր	[makagír]
tradução (f)	թարգմանություն	[tʰargmanutʰjún]

126. Pintura

arte (f)	արվեստ	[arvést]
belas-artes (f pl)	գեղեցիկ արվեստներ	[geġeʦʰík arvestnér]
galeria (f) de arte	ցուցասրահ	[ʦʰuʦʰasráh]
exibição (f) de arte	նկարների ցուցահանդես	[nkarnerí ʦʰuʦʰahandés]
pintura (f)	գեղանկարչություն	[geġankarčutʰjún]
arte (f) gráfica	գծանկար	[gʦankár]
arte (f) abstrata	աբստրակցիոնիզմ	[abstrakʦʰionízm]
impressionismo (m)	իմպրեսիոնիզմ	[impressionízm]
pintura (f), quadro (m)	նկար	[nkar]
desenho (m)	նկար	[nkar]
cartaz, pôster (m)	ձգապաստառ	[ʣgapastár]
ilustração (f)	պատկերազարդում	[patkerazardúm]
miniatura (f)	մանրանկարչություն	[manrankarčutʰjún]
cópia (f)	կրկնօրինակ	[krknorinák]
reprodução (f)	վերարտադրություն	[verartadrutʰjún]
mosaico (m)	խճանկար	[χčankár]
vitral (m)	ապակենախշ	[apakenáχš]
afresco (m)	որմնանկար	[vormnankár]
gravura (f)	փորագրանկար	[pʰoragrankár]
busto (m)	կիսանդրի	[kisandrí]
escultura (f)	քանդակ	[kʰandák]
estátua (f)	արձան	[arʣán]
gesso (m)	գիպս	[gips]
em gesso (adj)	գիպսե	[gipsé]
retrato (m)	դիմանկար	[dimankár]
autorretrato (m)	ինքնապատկեր	[inkʰnapatkér]
paisagem (f)	բնապատկեր	[bnapatkér]
natureza (f) morta	նատյուրմորտ	[natjurmórt]
caricatura (f)	ծաղրանկար	[ʦaġrankár]
esboço (m)	ուրվանկար	[urvankár]
tinta (f)	ներկ	[nerk]
aquarela (f)	ջրաներկ	[ʤranérk]
tinta (f) a óleo	յուղաներկ	[juġanérk]
lápis (m)	մատիտ	[matít]
tinta (f) nanquim	ստվերաներկ	[stveranérk]
carvão (m)	ածխամատիտ	[aʦχamatít]
desenhar (vt)	նկարել	[nkarél]
pintar (vt)	նկարել	[nkarél]
posar (vi)	կեցվածք ընդունել	[keʦʰváʦkʰ əndunél]
modelo (m)	բնորդ	[bnord]

modelo (f)	բնորդուհի	[bnorduhí]
pintor (m)	նկարիչ	[nkaríč]
obra (f)	ստեղծագործություն	[steġtsagortsutʰjún]
obra-prima (f)	գլուխգործոց	[gluχgortsótsʰ]
estúdio (m)	արվեստանոց	[arvestanótsʰ]
tela (f)	կտավ	[ktav]
cavalete (m)	նկարակալ	[nkarakál]
paleta (f)	ներկապնակ	[nerkapnák]
moldura (f)	շրջանակ	[šrʤanák]
restauração (f)	վերականգնում	[verakangnúm]
restaurar (vt)	վերականգնել	[verakangnél]

127. Literatura & Poesia

literatura (f)	գրականություն	[grakanutʰjún]
autor (m)	հեղինակ	[heġinák]
pseudônimo (m)	մականուն	[makanún]
livro (m)	գիրք	[girkʰ]
volume (m)	հատոր	[hatór]
índice (m)	բովանդակություն	[bovandakutʰjún]
página (f)	էջ	[ēʤ]
protagonista (m)	գլխավոր հերոս	[glχavór herós]
autógrafo (m)	ինքնագիր	[inkʰnagír]
conto (m)	պատմվածք	[patmvátskʰ]
novela (f)	վեպ	[vep]
romance (m)	սիրավեպ	[siravép]
obra (f)	ստեղծագործություն	[steġtsagortsutʰjún]
fábula (m)	առակ	[arák]
romance (m) policial	դետեկտիվ	[detektív]
verso (m)	բանաստեղծություն	[banasteġtsutʰjún]
poesia (f)	բանաստեղծություն	[banasteġtsutʰjún]
poema (m)	պոեմ	[poém]
poeta (m)	բանաստեղծ	[banastéġts]
ficção (f)	արձակագրություն	[ardzakagrutʰjún]
ficção (f) científica	գիտական ֆանտաստիկա	[gitakán fantástika]
aventuras (f pl)	արկածներ	[arkatsnér]
literatura (f) didática	ուսուցողական գրականություն	[usutsʰoġakán grakanutʰjún]
literatura (f) infantil	մանկական գրականություն	[mankakán grakanutʰjún]

128. Circo

circo (m)	կրկես	[krkes]
circo (m) ambulante	շապիտո կրկես	[šapitó krkés]
programa (m)	ծրագիր	[tsragír]
apresentação (f)	ներկայացում	[nerkajatsʰúm]

número (m)	համար	[hamár]
picadeiro (f)	հրապարակ	[hraparák]
pantomima (f)	մնջախաղ	[mndʒaχáġ]
palhaço (m)	ծաղրածու	[ʦaġraʦú]
acrobata (m)	ակրոբատ	[akrobát]
acrobacia (f)	ակրոբատիկա	[akrobátika]
ginasta (m)	մարմնամարզիկ	[marmnamarzík]
ginástica (f)	մարմնամարզություն	[marmnamarzutʰjún]
salto (m) mortal	սալտո	[sálto]
homem (m) forte	ծանրամարտիկ	[ʦanramartík]
domador (m)	վարժեցնող	[varʒeʦʰnóġ]
cavaleiro (m) equilibrista	հեծյալ	[heʦjál]
assistente (m)	օգնական	[ognakán]
truque (m)	տրյուկ	[trjuk]
truque (m) de mágica	աճպարարություն	[ačpararutʰjún]
ilusionista (m)	աճպարար	[ačparár]
malabarista (m)	ձեռնածու	[ʣernaʦú]
fazer malabarismos	ձեռնածություն անել	[ʣernaʦutʰjún anél]
adestrador (m)	վարժեցնող	[varʒeʦʰnóġ]
adestramento (m)	վարժեցում	[vaʒeʦʰúm]
adestrar (vt)	վարժեցնել	[varʒeʦʰnél]

129. Música. Música popular

música (f)	երաժշտություն	[eraʒštutʰjún]
músico (m)	երաժիշտ	[eraʒíšt]
instrumento (m) musical	երաժշտական գործիք	[eraʒštakán gorʦíkʰ]
tocar ...	նվագել ...	[nvagél ...]
guitarra (f)	կիթառ	[kitʰár]
violino (m)	ջութակ	[ʤutʰák]
violoncelo (m)	թավջութակ	[tʰavʤutʰák]
contrabaixo (m)	կոնտրաբաս	[kontrabás]
harpa (f)	տավիղ	[tavíġ]
piano (m)	դաշնամուր	[dašnamúr]
piano (m) de cauda	դաշնամուր	[dašnamúr]
órgão (m)	երգեհոն	[ergehón]
instrumentos (m pl) de sopro	փողավոր գործիքներ	[pʰoġavór gorʦikʰnér]
oboé (m)	հոբոյ	[hobój]
saxofone (m)	սաքսոֆոն	[sakʰsofón]
clarinete (m)	կլարնետ	[klarnét]
flauta (f)	ֆլեյտա	[fléjta]
trompete (m)	շեփոր	[šepʰór]
acordeão (m)	ակորդեոն	[akordeón]
tambor (m)	թմբուկ	[tʰmbuk]
dueto (m)	դուետ	[duét]

trio (m)	եռյակ	[erják]
quarteto (m)	քառյակ	[kʰarják]
coro (m)	երգչախումբ	[ergčaχúmb]
orquestra (f)	նվագախումբ	[nvagaχúmb]
música (f) pop	պոպ երաժշտություն	[pop eraʒštutʰjún]
música (f) rock	ռոք երաժշտություն	[rokʰ eraʒštutʰjún]
grupo (m) de rock	ռոք երաժշտական խումբ	[rokʰ eraʒštakán χúmb]
jazz (m)	ջազ	[ʤaz]
ídolo (m)	կուռք	[kurkʰ]
fã, admirador (m)	երկրպագու	[erkrpagú]
concerto (m)	համերգ	[hamérg]
sinfonia (f)	սիմֆոնիա	[simfónia]
composição (f)	ստեղծագործություն	[steġtsagortsutʰjún]
compor (vt)	ստեղծագործել	[steġtsagortsél]
canto (m)	երգ	[erg]
canção (f)	երգ	[erg]
melodia (f)	մեղեդի	[meġedí]
ritmo (m)	ռիթմ	[ritʰm]
blues (m)	բլյուզ	[bljuz]
notas (f pl)	նոտաներ	[notanér]
batuta (f)	փայտիկ	[pʰajtík]
arco (m)	աղեղ	[aġéġ]
corda (f)	լար	[lar]
estojo (m)	պատյան	[patján]

Descanso. Entretenimento. Viagens

130. Viagens

turismo (m)	զբոսաշրջություն	[zbosašrʤutʰjún]
turista (m)	զբոսաշրջիկ	[zbosašrʤík]
viagem (f)	ճանապարհորդություն	[čanaparhordutʰjún]
aventura (f)	արկած	[arkáʦ]
percurso (curta viagem)	ուղևորություն	[uġevorutʰjún]
férias (f pl)	արձակուրդ	[arʣakúrd]
estar de férias	արձակուրդի մեջ լինել	[arʣakurdí méʤ linél]
descanso (m)	հանգիստ	[hangíst]
trem (m)	գնացք	[gnaʦʰkʰ]
de trem (chegar ~)	գնացքով	[gnaʦʰkʰóv]
avião (m)	ինքնաթիռ	[inkʰnatʰír]
de avião	ինքնաթիռով	[inkʰnatʰiróv]
de carro	ավտոմեքենայով	[avtomekʰenajóv]
de navio	նավով	[navóv]
bagagem (f)	ուղեբեռ	[uġebér]
mala (f)	ճամպրուկ	[čamprúk]
carrinho (m)	սայլակ	[sajlák]
passaporte (m)	անձնագիր	[anʣnagír]
visto (m)	վիզա	[víza]
passagem (f)	տոմս	[toms]
passagem (f) aérea	ավիատոմս	[aviatóms]
guia (m) de viagem	ուղեցույց	[uġeʦʰújʦʰ]
mapa (m)	քարտեզ	[kʰartéz]
área (f)	տեղանք	[teġánkʰ]
lugar (m)	տեղ	[teġ]
exotismo (m)	էկզոտիկա	[ēkzótika]
exótico (adj)	էկզոտիկ	[ēkzotík]
surpreendente (adj)	զարմանահրաշ	[zarmanahráš]
grupo (m)	խումբ	[χumb]
excursão (f)	էքսկուրսիա	[ēkʰskúrsia]
guia (m)	էքսկուրսավար	[ēkʰskursavár]

131. Hotel

hotel (m)	հյուրանոց	[hjuranóʦʰ]
motel (m)	մոթել	[motʰél]
três estrelas	երեք աստղանի	[erékʰ astġaní]

cinco estrelas	հինգ աստղանի	[hing astġaní]
ficar (vi, vt)	կանգ առնել	[káng arnél]
quarto (m)	համար	[hamár]
quarto (m) individual	մեկտեղանի համար	[mekteġaní hamár]
quarto (m) duplo	երկտեղանի համար	[erkteġaní hamár]
reservar um quarto	համար ամրագրել	[hamár amragrél]
meia pensão (f)	կիսագիշերօթիկ	[kisagišerot^{h}ík]
pensão (f) completa	լրիվ գիշերօթիկ	[lrív gišerot^{h}ík]
com banheira	լոգարանով	[logaranóv]
com chuveiro	դուշով	[dušóv]
televisão (m) por satélite	արբանյակային հեռուստատեսություն	[arbanjakajín herustatesut^{h}jún]
ar (m) condicionado	օդորակիչ	[odorakíč]
toalha (f)	սրբիչ	[srbič]
chave (f)	բանալի	[banalí]
administrador (m)	ադմինիստրատոր	[administrátor]
camareira (f)	սպասավորուհի	[spasavoruhí]
bagageiro (m)	բեռնակիր	[bernakír]
porteiro (m)	դռնապահ	[drnapáh]
restaurante (m)	ռեստորան	[restorán]
bar (m)	բար	[bar]
café (m) da manhã	նախաճաշ	[naχačáš]
jantar (m)	ընթրիք	[ənt^{h}rík^h]
bufê (m)	շվեդական սեղան	[švedakán seġán]
elevador (m)	վերելակ	[verelák]
NÃO PERTURBE	ՉԱՆՀԱՆԳՍՏԱՑՆԵԼ	[čanhangstats^{h}nél]
PROIBIDO FUMAR!	ՉԾԽԵԼ	[čtsχél!]

132. Livros. Leitura

livro (m)	գիրք	[girk^h]
autor (m)	հեղինակ	[heġinák]
escritor (m)	գրող	[groġ]
escrever (~ um livro)	գրել	[grel]
leitor (m)	ընթերցող	[ənt^{h}erts^{h}óġ]
ler (vt)	կարդալ	[kardál]
leitura (f)	ընթերցանություն	[ənt^{h}erts^{h}anut^{h}jún]
para si	մտքում	[mtk^{h}um]
em voz alta	բարձրաձայն	[bardzradzájn]
publicar (vt)	հրատարակել	[hratarakél]
publicação (f)	հրատարակություն	[hratarakut^{h}jún]
editor (m)	հրատարակիչ	[hratarakíč]
editora (f)	հրատարակչություն	[hratarakčut^{h}jún]
sair (vi)	լույս տեսնել	[lújs tesnél]
lançamento (m)	լույս տեսնելը	[lújs tesnélə]

tiragem (f)	տպաքանակ	[tpakʰanák]
livraria (f)	գրախանութ	[graχanútʰ]
biblioteca (f)	գրադարան	[gradarán]
novela (f)	վեպ	[vep]
conto (m)	պատմվածք	[patmváʦkʰ]
romance (m)	սիրավեպ	[siravép]
romance (m) policial	դետեկտիվ	[detektív]
memórias (f pl)	հուշագրություններ	[hušagrutʰjunnér]
lenda (f)	առասպել	[araspél]
mito (m)	առասպել	[araspél]
poesia (f)	բանաստեղծություններ	[banasteġʦutʰjunnér]
autobiografia (f)	ինքնակենսագրություն	[inkʰnakensagrutʰjún]
obras (f pl) escolhidas	ընտրանի	[əntraní]
ficção (f) científica	ֆանտաստիկա	[fantástika]
título (m)	անվանում	[anvanúm]
introdução (f)	ներածություն	[neraʦutʰjún]
folha (f) de rosto	տիտղոսաթերթ	[titġosatʰértʰ]
capítulo (m)	գլուխ	[gluχ]
excerto (m)	հատված	[hatváʦ]
episódio (m)	դրվագ	[drvag]
enredo (m)	սյուժե	[sjuʒé]
conteúdo (m)	բովանդակություն	[bovandakutʰjún]
índice (m)	բովանդակություն	[bovandakutʰjún]
protagonista (m)	գլխավոր հերոս	[glχavór herós]
volume (m)	հատոր	[hatór]
capa (f)	կազմ	[kazm]
encadernação (f)	կազմ	[kazm]
marcador (m) de página	էջանիշ	[ēʤaníš]
página (f)	էջ	[ēʤ]
folhear (vt)	թերթել	[tʰertʰél]
margem (f)	լուսանցքներ	[lusanʦʰkʰnér]
anotação (f)	նշում	[nšum]
nota (f) de rodapé	ծանոթագրություն	[ʦanotʰagrutʰjún]
texto (m)	տեքստ	[tekʰst]
fonte (f)	տառատեսակ	[taratesák]
falha (f) de impressão	տպասխալ	[tpasχál]
tradução (f)	թարգմանություն	[tʰargmanutʰjún]
traduzir (vt)	թարգմանել	[tʰargmanél]
original (m)	բնագիր	[bnagír]
famoso (adj)	հայտնի	[hajtní]
desconhecido (adj)	անհայտ	[anhájt]
interessante (adj)	հետաքրքիր	[hetakʰrkʰír]
best-seller (m)	բեստսելեր	[bestséler]
dicionário (m)	բառարան	[bararán]
livro (m) didático	դասագիրք	[dasagírkʰ]
enciclopédia (f)	հանրագիտարան	[hanragitarán]

133. Caça. Pesca

caça (f)	որս	[vors]
caçar (vi)	որս անել	[vors anél]
caçador (m)	որսորդ	[vorsórd]
disparar, atirar (vi)	կրակել	[krakél]
rifle (m)	հրացան	[hraʦʰán]
cartucho (m)	փամփուշտ	[pʰampúšt]
chumbo (m) de caça	մանրագնդակ	[manragndák]
armadilha (f)	թակարդ	[tʰakárd]
armadilha (com corda)	ծուղակ	[ʦuġák]
pôr a armadilha	թակարդ դնել	[tʰakárd dnel]
caçador (m) furtivo	որսագող	[vorsagóġ]
caça (animais)	որսամիս	[vorsamís]
cão (m) de caça	որսորդական շուն	[vorsordakán šún]
safári (m)	սաֆարի	[safári]
animal (m) empalhado	խրտվիլակ	[χrtvilák]
pescador (m)	ձկնորս	[ʣknors]
pesca (f)	ձկնորսություն	[ʣknorsutʰjún]
pescar (vt)	ձուկ որսալ	[ʣuk vorsál]
vara (f) de pesca	կարթ	[kartʰ]
linha (f) de pesca	կարթաթել	[kartʰatʰél]
anzol (m)	կարթ	[kartʰ]
boia (f), flutuador (m)	լողան	[loġán]
isca (f)	խայծ	[χajʦ]
lançar a linha	կարթը գցել	[kartʰə gʦʰel]
morder (peixe)	բռնվել	[brnvel]
pesca (f)	որս	[vors]
buraco (m) no gelo	սառցանցք	[sarʦʰánʦʰkʰ]
rede (f)	ցանց	[ʦʰanʦʰ]
barco (m)	նավակ	[navák]
pescar com rede	ցանցով բռնել	[ʦʰanʦʰóv brnel]
lançar a rede	ցանցը գցել	[ʦʰánʦʰə gʦʰel]
puxar a rede	ցանցը հանել	[ʦʰánʦʰə hanél]
baleeiro (m)	կետորս	[ketórs]
baleeira (f)	կետորսական նավ	[ketorsakán náv]
arpão (m)	որսատեգ	[vorsatéχ]

134. Jogos. Bilhar

bilhar (m)	բիլյարդ	[biljárd]
sala (f) de bilhar	բիլյարդի սրահ	[biljardí srah]
bola (f) de bilhar	բիլյարդի գնդակ	[biljárd gndák]
embolsar uma bola	ներս խփել	[ners χpʰel]
taco (m)	խաղաձող	[χaġaʣóġ]
caçapa (f)	գնդապարկ	[gndapárk]

135. Jogos. Jogar cartas

ouros (m pl)	քարպինջ	[kʰarpíndʒ]
espadas (f pl)	ղառ	[ġar]
copas (f pl)	սիրտ	[sirt]
paus (m pl)	խաչ	[χač]
ás (m)	տուզ	[tuz]
rei (m)	թագավոր	[tʰagavór]
dama (f), rainha (f)	աղջիկ	[aġdʒík]
valete (m)	զինվոր	[zinvór]
carta (f) de jogar	խաղաթուղթ	[χaġatʰúġtʰ]
cartas (f pl)	խաղաթղթեր	[χaġatʰġtʰér]
trunfo (m)	հաղթաթուղթ	[haġtʰatʰúġtʰ]
baralho (m)	կապուկ	[kapúk]
dar, distribuir (vt)	բաժանել	[baʒanél]
embaralhar (vt)	խառնել	[χarnél]
vez, jogada (f)	քայլ	[kʰajl]
trapaceiro (m)	շուլեր	[šulér]

136. Descanso. Jogos. Diversos

passear (vi)	զբոսնել	[zbosnél]
passeio (m)	զբոսանք	[zbosánkʰ]
viagem (f) de carro	շրջագայություն	[šrdʒagajutʰjún]
aventura (f)	արկած	[arkáts]
piquenique (m)	զբոսախնջույք	[zbosaχndʒújkʰ]
jogo (m)	խաղ	[χaġ]
jogador (m)	խաղացող	[χaġatsʰóġ]
partida (f)	պարտիա	[pártia]
colecionador (m)	հավաքող	[havakʰóġ]
colecionar (vt)	հավաքել	[havakʰél]
coleção (f)	հավաքածու	[havakʰatsú]
palavras (f pl) cruzadas	խաչբառ	[χačbár]
hipódromo (m)	ձիարշավարան	[dziaršavarán]
discoteca (f)	դիսկոտեկ	[diskoték]
sauna (f)	սաունա	[sáuna]
loteria (f)	վիճակախաղ	[vičakaχáġ]
campismo (m)	արշավ	[aršáv]
acampamento (m)	ճամբար	[čambár]
barraca (f)	վրան	[vran]
bússola (f)	կողմնացույց	[koġmnatsʰújtsʰ]
campista (m)	արշավորդ	[aršavórd]
ver (vt), assistir à ...	դիտել	[ditél]
telespectador (m)	հեռուստադիտող	[herustaditóġ]
programa (m) de TV	հեռուստահաղորդում	[herustahaġordúm]

137. Fotografia

máquina (f) fotográfica	լուսանկարչական ապարատ	[lusankarčakán aparát]
foto, fotografia (f)	լուսանկար	[lusankár]
fotógrafo (m)	լուսանկարիչ	[lusankaríč]
estúdio (m) fotográfico	ֆոտո ստուդիա	[fóto stúdia]
álbum (m) de fotografias	ֆոտոալբոմ	[fotoalbóm]
lente (f) fotográfica	օբյեկտիվ	[obъektív]
lente (f) teleobjetiva	տեսախցիկի օբյեկտիվ	[tesaχʦʰikí obъektív]
filtro (m)	ֆիլտր	[filtr]
lente (f)	ոսպնյակ	[vospnják]
ótica (f)	օպտիկա	[óptika]
abertura (f)	դիաֆրագմա	[diafrágma]
exposição (f)	պահելու տևողություն	[pahelú tevoġutʰjún]
visor (m)	դիտան	[ditán]
câmera (f) digital	թվային տեսախցիկ	[tʰvajín tesaχʦʰík]
tripé (m)	ամրակալան	[amrakalán]
flash (m)	բռնկում	[brnkum]
fotografar (vt)	լուսանկարել	[lusankarél]
tirar fotos	լուսանկարել	[lusankarél]
fotografar-se (vr)	լուսանկարվել	[lusankarvél]
foco (m)	ցայտունություն	[ʦʰajtunutʰjún]
focar (vt)	ցայտուն դարձնել	[ʦʰajtún darʣnél]
nítido (adj)	ցայտուն	[ʦʰajtún]
nitidez (f)	ցայտունություն	[ʦʰajtunutʰjún]
contraste (m)	ցայտագունություն	[ʦʰajtagunutʰjún]
contrastante (adj)	ցայտունագույն	[ʦʰajtunagújn]
retrato (m)	լուսանկար	[lusankár]
negativo (m)	նեգատիվ	[negatív]
filme (m)	ֆոտոժապավեն	[fotoʒapavén]
fotograma (m)	կադր	[kadr]
imprimir (vt)	տպել	[tpel]

138. Praia. Natação

praia (f)	լողափ	[loġápʰ]
areia (f)	ավազ	[aváz]
deserto (adj)	անապատային	[anapatajín]
bronzeado (m)	արևառություն	[arevarutʰjún]
bronzear-se (vr)	արևառ լինել	[arevár linél]
bronzeado (adj)	արևառ	[arevár]
protetor (m) solar	արևառության կրեմ	[arevarutʰján krém]
biquíni (m)	բիկինի	[bikíni]
maiô (m)	լողազգեստ	[loġazgést]

calção (m) de banho	լողավարտիք	[loġavartíkʰ]
piscina (f)	լողավազան	[loġavazán]
nadar (vi)	լողալ	[loġál]
chuveiro (m), ducha (f)	ցնցուղ	[ʦʰnʦʰuġ]
mudar, trocar (vt)	զգեստափոխվել	[zgestapʰoχvél]
toalha (f)	սրբիչ	[srbič]
barco (m)	նավակ	[navák]
lancha (f)	մոտորանավակ	[motoranavák]
esqui (m) aquático	ջրային դահուկներ	[ʤrajín dahuknér]
barco (m) de pedais	ջրային հեծանիվ	[ʤrajín heʦanív]
surf, surfe (m)	սերֆինգ	[sérfing]
surfista (m)	սերֆինգիստ	[serfingíst]
equipamento (m) de mergulho	ակվալանգ	[akvaláng]
pé (m pl) de pato	լողաթաթեր	[loġatʰatʰér]
máscara (f)	դիմակ	[dimák]
mergulhador (m)	ջրասույզ	[ʤrasújz]
mergulhar (vi)	սուզվել	[suzvél]
debaixo d'água	ջրի տակ	[ʤri ták]
guarda-sol (m)	հովանոց	[hovanóʦʰ]
espreguiçadeira (f)	շեզլոնգ	[šezlóng]
óculos (m pl) de sol	ակնոցներ	[aknoʦʰnér]
colchão (m) de ar	լողամատրաս	[loġamatrás]
brincar (vi)	խաղալ	[χaġál]
ir nadar	լողալ	[loġál]
bola (f) de praia	գնդակ	[gndak]
encher (vt)	փչել	[pʰčel]
inflável (adj)	փչովի	[pʰčoví]
onda (f)	ալիք	[alíkʰ]
boia (f)	լողան	[loġán]
afogar-se (vr)	խեղդվել	[χeġdvél]
salvar (vt)	փրկել	[pʰrkel]
colete (m) salva-vidas	փրկագոտի	[pʰrkagotí]
observar (vt)	հետևել	[hetevél]
salva-vidas (pessoa)	փրկարար	[pʰrkarár]

EQUIPAMENTO TÉCNICO. TRANSPORTES

Equipamento técnico. Transportes

139. Computador

computador (m)	համակարգիչ	[hamakargíč]
computador (m) portátil	նոութբուք	[noutʰbúkʰ]
ligar (vt)	միացնել	[miatsʰnél]
desligar (vt)	անջատել	[andʒatél]
teclado (m)	ստեղնաշար	[steġnašár]
tecla (f)	ստեղն	[steġn]
mouse (m)	մուկ	[muk]
tapete (m) para mouse	գորգ	[gorg]
botão (m)	կոճակ	[kočák]
cursor (m)	սլաք	[slakʰ]
monitor (m)	մոնիտոր	[monitór]
tela (f)	էկրան	[ēkrán]
disco (m) rígido	կոշտ սկավառակակիր	[košt skavarakakír]
capacidade (f) do disco rígido	կոշտ սկավառակի ծավալը	[košt skavarakakrí tsavála]
memória (f)	հիշողություն	[hišoġutʰjún]
memória RAM (f)	օպերատիվ հիշողություն	[operatív hišoġutʰjún]
arquivo (m)	ֆայլ	[fajl]
pasta (f)	թղթապանակ	[tʰġtʰapanák]
abrir (vt)	բացել	[batsʰél]
fechar (vt)	փակել	[pʰakél]
salvar (vt)	գրանցել	[grantsʰél]
deletar (vt)	հեռացնել	[heratsʰnél]
copiar (vt)	պատճենել	[patčenél]
ordenar (vt)	սորտավորել	[sortavorél]
copiar (vt)	արտատպել	[artatpél]
programa (m)	ծրագիր	[tsragír]
software (m)	ծրագրային ապահովում	[tsragrajín apahovúm]
programador (m)	ծրագրավորող	[tsragravoróġ]
programar (vt)	ծրագրավորել	[tsragravorél]
hacker (m)	խակեր	[χakér]
senha (f)	անցագիր	[antsʰagír]
vírus (m)	վիրուս	[virús]
detectar (vt)	հայտնաբերել	[hajtnaberél]
byte (m)	բայտ	[bajt]

megabyte (m)	մեգաբայտ	[megabájt]
dados (m pl)	տվյալներ	[tvjalnér]
base (f) de dados	տվյալների բազա	[tvjalnerí báza]
cabo (m)	մալուխ	[malúχ]
desconectar (vt)	անջատել	[andʒatél]
conectar (vt)	միացնել	[miatsʰnél]

140. Internet. E-mail

internet (f)	ինտերնետ	[internét]
browser (m)	ցանցախույզ	[tsʰantsʰaχújz]
motor (m) de busca	որոնիչ համակարգ	[voroníč hamakárg]
provedor (m)	պրովայդեր	[provajdér]
webmaster (m)	վեբ-մաստեր	[veb máster]
website (m)	ինտերնետային կայք	[internetajín kajkʰ]
web page (f)	ինտերնետային էջ	[internetajín ēdʒ]
endereço (m)	հասցե	[hastsʰé]
livro (m) de endereços	հասցեների գրքույկ	[hastsʰenerí grkʰújk]
caixa (f) de correio	փոստարկղ	[pʰostárkġ]
correio (m)	փոստ	[pʰost]
mensagem (f)	հաղորդագրություն	[haġordagrutʰjún]
remetente (m)	ուղարկող	[uġarkóġ]
enviar (vt)	ուղարկել	[uġarkél]
envio (m)	ուղարկում	[uġarkúm]
destinatário (m)	ստացող	[statsʰóġ]
receber (vt)	ստանալ	[stanál]
correspondência (f)	նամակագրություն	[namakagrutʰjún]
corresponder-se (vr)	նամակագրական կապի մեջ լինել	[namakagrakán kapí médʒ linél]
arquivo (m)	ֆայլ	[fajl]
fazer download, baixar (vt)	քաշել	[kʰašél]
criar (vt)	ստեղծել	[steġtsél]
deletar (vt)	հեռացնել	[heratsʰnél]
deletado (adj)	հեռացված	[heratsʰváts]
conexão (f)	կապ	[kap]
velocidade (f)	արագություն	[aragutʰjún]
modem (m)	մոդեմ	[modém]
acesso (m)	մուտք	[mutkʰ]
porta (f)	մուտ	[mut]
conexão (f)	միացում	[miatsʰúm]
conectar (vi)	միանալ	[mianál]
escolher (vt)	ընտրել	[əntrél]
buscar (vt)	փնտրել	[pʰntrel]

Transportes

141. Avião

avião (m)	ինքնաթիռ	[inkʰnatʰír]
passagem (f) aérea	ավիատոմս	[aviatóms]
companhia (f) aérea	ավիաընկերություն	[aviaənkerutʰjún]
aeroporto (m)	օդանավակայան	[odanavakaján]
supersônico (adj)	գերձայնային	[gerʣajnajín]
comandante (m) do avião	օդանավի հրամանատար	[odanaví hramanatár]
tripulação (f)	անձնակազմ	[anʣnakázm]
piloto (m)	օդաչու	[odačú]
aeromoça (f)	ուղեկցորդուհի	[uġekʦʰorduhí]
copiloto (m)	ղեկապետ	[ġekapét]
asas (f pl)	թևեր	[tʰevér]
cauda (f)	պոչ	[poč]
cabine (f)	խցիկ	[χʦʰik]
motor (m)	շարժիչ	[šarʒíč]
trem (m) de pouso	շասսի	[šassí]
turbina (f)	տուրբին	[turbín]
hélice (f)	պրոպելլեր	[propellér]
caixa-preta (f)	սև արկղ	[sev árkġ]
coluna (f) de controle	ղեկանիվ	[ġekanív]
combustível (m)	վառելիք	[varelíkʰ]
instruções (f pl) de segurança	ձեռնարկ	[ʣernárk]
máscara (f) de oxigênio	թթվածնային դիմակ	[tʰtʰvaʦnajín dimák]
uniforme (m)	համազգեստ	[hamazgést]
colete (m) salva-vidas	փրկագոտի	[pʰrkagotí]
paraquedas (m)	պարաշյուտ	[parašjút]
decolagem (f)	թռիչք	[tʰričkʰ]
descolar (vi)	թռնել	[tʰrnel]
pista (f) de decolagem	թռիչքուղի	[tʰričkʰuġí]
visibilidade (f)	տեսանելիություն	[tesaneliutʰjún]
voo (m)	թռիչք	[tʰričkʰ]
altura (f)	բարձրություն	[barʣrutʰjún]
poço (m) de ar	օդային փոս	[odajín pʰós]
assento (m)	տեղ	[teġ]
fone (m) de ouvido	ականջակալներ	[akanʤakalnér]
mesa (f) retrátil	բացվող սեղանիկ	[baʦʰvóġ seġaník]
janela (f)	իլյումինատոր	[iljuminátor]
corredor (m)	անցուղի	[anʦʰuġí]

142. Comboio

trem (m)	գնացք	[gnatsʰkʰ]
trem (m) elétrico	էլեկտրագնացք	[ēlektragnátsʰkʰ]
trem (m)	արագընթաց գնացք	[aragəntʰátsʰ gnátsʰkʰ]
locomotiva (f) diesel	ջերմաքարշ	[ʤermakʰárš]
locomotiva (f) a vapor	շոգեքարշ	[šokekʰárš]
vagão (f) de passageiros	վագոն	[vagón]
vagão-restaurante (m)	վագոն-ռեստորան	[vagón restorán]
carris (m pl)	գծեր	[gʦer]
estrada (f) de ferro	երկաթգիծ	[erkatʰgíʦ]
travessa (f)	կոճ	[koč]
plataforma (f)	կառամատույց	[karamatújʦʰ]
linha (f)	ուղի	[uġí]
semáforo (m)	նշանասյուն	[nšanasjún]
estação (f)	կայարան	[kajarán]
maquinista (m)	մեքենավար	[mekʰenavár]
bagageiro (m)	բեռնակիր	[bernakír]
hospedeiro, -a (m, f)	ուղեկից	[uġekíʦʰ]
passageiro (m)	ուղևոր	[uġevór]
revisor (m)	հսկիչ	[hskič]
corredor (m)	միջանցք	[miʤánʦʰkʰ]
freio (m) de emergência	ավտոմատ կանգառման սարք	[avtomát kangarmán sárkʰ]
compartimento (m)	կուպե	[kupé]
cama (f)	մահճակ	[mahčák]
cama (f) de cima	վերևի մահճակատեղ	[vereví mahčakatéġ]
cama (f) de baixo	ներքևի մահճակատեղ	[nerkʰeví mahčakatéġ]
roupa (f) de cama	անկողին	[ankoġín]
passagem (f)	տոմս	[toms]
horário (m)	չվացուցակ	[čvaʦʰuʦʰák]
painel (m) de informação	ցուցատախտակ	[ʦʰuʦʰataχták]
partir (vt)	մեկնել	[meknél]
partida (f)	մեկնում	[meknúm]
chegar (vi)	ժամանել	[ʒamanél]
chegada (f)	ժամանում	[ʒamanúm]
chegar de trem	ժամանել գնացքով	[ʒamanél gnaʦʰkʰóv]
pegar o trem	գնացք նստել	[gnáʦʰkʰ nstel]
descer de trem	գնացքից իջնել	[gnaʦʰkʰíʦʰ iʤnél]
acidente (m) ferroviário	խորտակում	[χortakúm]
locomotiva (f) a vapor	շոգեքարշ	[šokekʰárš]
foguista (m)	հնոցապան	[hnoʦʰapán]
fornalha (f)	վառարան	[vararán]
carvão (m)	ածուխ	[aʦúχ]

143. Barco

navio (m)	նավ	[nav]
embarcação (f)	նավ	[nav]
barco (m) a vapor	շոգենավ	[šogenáv]
barco (m) fluvial	ջերմանավ	[ʤermanáv]
transatlântico (m)	լայներ	[lájner]
cruzeiro (m)	հածանավ	[hatsanáv]
iate (m)	զբոսանավ	[zbosanáv]
rebocador (m)	նավաքարշ	[navakʰárš]
barcaça (f)	բեռնանավ	[bernanáv]
ferry (m)	լաստանավ	[lastanáv]
veleiro (m)	առագաստանավ	[aragastanáv]
bergantim (m)	բրիգանտինա	[brigantína]
quebra-gelo (m)	սառցահատ	[sartsʰapát]
submarino (m)	սուզանավ	[suzanáv]
bote, barco (m)	նավակ	[navák]
baleeira (bote salva-vidas)	մակույկ	[makújk]
bote (m) salva-vidas	փրկարարական մակույկ	[pʰrkararakán makújk]
lancha (f)	մոտորանավակ	[motoranavák]
capitão (m)	նավապետ	[navapét]
marinheiro (m)	նավաստի	[navastí]
marujo (m)	ծովային	[tsovajín]
tripulação (f)	անձնակազմ	[andznakázm]
contramestre (m)	բոցման	[botsʰmán]
grumete (m)	նավի փոքրավոր	[naví pʰokʰravór]
cozinheiro (m) de bordo	նավի խոհարար	[naví χoharár]
médico (m) de bordo	նավի բժիշկ	[naví bʒíšk]
convés (m)	տախտակամած	[taχtakamáts]
mastro (m)	կայմ	[kajm]
vela (f)	առագաստ	[aragást]
porão (m)	նավամբար	[navambár]
proa (f)	նավաքիթ	[navakʰítʰ]
popa (f)	նավախել	[navaχél]
remo (m)	թիակ	[tʰiak]
hélice (f)	պտուտակ	[ptuták]
cabine (m)	նավասենյակ	[navasenják]
sala (f) dos oficiais	ընդհանուր նավասենյակ	[əndhanúr navasenják]
sala (f) das máquinas	մեքենաների բաժանմունք	[mekenanerí baʒanmúnkʰ]
ponte (m) de comando	նավապետի կամրջակ	[navapetí kamrʤák]
sala (f) de comunicações	ռադիոխցիկ	[radioχtsʰík]
onda (f)	ալիք	[alíkʰ]
diário (m) de bordo	նավամատյան	[navamatján]
luneta (f)	հեռադիտակ	[heraditák]
sino (m)	զանգ	[zang]

bandeira (f)	դրոշ	[droš]
cabo (m)	ճոպան	[čopán]
nó (m)	հանգույց	[hangújts^{h}]
corrimão (m)	բռնաձող	[brnadzóġ]
prancha (f) de embarque	նավասանդուղք	[navasandúġk^{h}]
âncora (f)	խարիսխ	[χarísχ]
recolher a âncora	խարիսխը բարձրացնել	[χarísχə bardzrats^{h}nél]
jogar a âncora	խարիսխը գցել	[χarísχə gts^{h}él]
amarra (corrente de âncora)	խարսխաշղթա	[χarsχašġt^{h}á]
porto (m)	նավահանգիստ	[navahangíst]
cais, amarradouro (m)	նավամատույց	[navamatújts^{h}]
atracar (vi)	կառանել	[karanél]
desatracar (vi)	մեկնել	[meknél]
viagem (f)	ճանապարհորդություն	[čanaparhordut^{h}jún]
cruzeiro (m)	ծովագնացություն	[tsovagnats^{h}ut^{h}jún]
rumo (m)	ուղղություն	[uġut^{h}jún]
itinerário (m)	երթուղի	[ert^{h}uġí]
canal (m) de navegação	նավարկուղի	[navarkuġí]
banco (m) de areia	ծանծաղուտ	[tsantsaġút]
encalhar (vt)	ծանծաղուտ ընկնել	[tsantsaġút ənknél]
tempestade (f)	փոթորիկ	[p^{h}ot^{h}orík]
sinal (m)	ազդանշան	[azdanšán]
afundar-se (vr)	խորտակվել	[χortakvél]
SOS	SOS	[sos]
boia (f) salva-vidas	փրկագոտի	[p^{h}rkagotí]

144. Aeroporto

aeroporto (m)	օդանավակայան	[odanavakaján]
avião (m)	ինքնաթիռ	[ink^{h}nat^{h}ír]
companhia (f) aérea	ավիաընկերություն	[aviaənkerut^{h}jún]
controlador (m) de tráfego aéreo	դիսպետչեր	[dispetčér]
partida (f)	թռիչք	[t^{h}ričk^{h}]
chegada (f)	ժամանում	[ʒamanúm]
chegar (vi)	ժամանել	[ʒamanél]
hora (f) de partida	թռիչքի ժամանակը	[t^{h}ričk^{h}í ʒamanákə]
hora (f) de chegada	ժամանման ժամանակը	[ʒamanmán ʒamanákə]
estar atrasado	ուշանալ	[ušanál]
atraso (m) de voo	թռիչքի ուշացում	[t^{h}ričk^{h}í ušats^{h}úm]
painel (m) de informação	տեղեկատվական վահանակ	[teġekatvakán vahanák]
informação (f)	տեղեկատվություն	[teġekatvut^{h}jún]
anunciar (vt)	հայտարարել	[hajtararél]
voo (m)	ռեյս	[rejs]

alfândega (f)	մաքսատուն	[makʰsatún]
funcionário (m) da alfândega	մաքսավոր	[makʰsavór]
declaração (f) alfandegária	հայտարարագիր	[hajtararagír]
preencher a declaração	հայտարարագիր լրացնել	[hajtararagír lratsʰnél]
controle (m) de passaporte	անձնագրային ստուգում	[andznagrajín stugúm]
bagagem (f)	ուղեբեռ	[uġebér]
bagagem (f) de mão	ձեռքի ուղեբեռ	[dzerkʰí uġebér]
carrinho (m)	սայլակ	[sajlák]
pouso (m)	վայրէջք	[vajrēdʒkʰ]
pista (f) de pouso	վայրէջքի ուղի	[vajrēdʒkʰí uġí]
aterrissar (vi)	վայրէջք կատարել	[vajrēdʒkʰ katarél]
escada (f) de avião	օդանավասանդուղք	[odanavasandúġkʰ]
check-in (m)	գրանցում	[grantsʰúm]
balcão (m) do check-in	գրանցասեղան	[grantsʰaseġán]
fazer o check-in	գրանցվել	[grantsʰvél]
cartão (m) de embarque	տեղակտրոն	[teġaktrón]
portão (m) de embarque	ելք	[elkʰ]
trânsito (m)	տարանցիկ չվերթ	[tarantsʰík čvertʰ]
esperar (vi, vt)	սպասել	[spasél]
sala (f) de espera	սպասասրահ	[spasasráh]
despedir-se (acompanhar)	ճանապարհել	[čanaparhél]
despedir-se (dizer adeus)	հրաժեշտ տալ	[hraʒéšt tál]

145. Bicicleta. Motocicleta

bicicleta (f)	հեծանիվ	[hetsanív]
lambreta (f)	մոտոռոլլեռ	[motoróller]
moto (f)	մոտոցիկլ	[mototsʰíkl]
ir de bicicleta	հեծանիվ քշել	[hetsanív kʰšel]
guidão (m)	ղեկ	[ġek]
pedal (m)	ոտնակ	[votnák]
freios (m pl)	արգելակ	[argelák]
banco, selim (m)	թամբիկ	[tʰambík]
bomba (f)	պոմպ	[pomp]
bagageiro (m) de teto	բեռնախցիկ	[bernaχtsʰík]
lanterna (f)	լապտեր	[laptér]
capacete (m)	սաղավարտ	[saġavárt]
roda (f)	անիվ	[anív]
para-choque (m)	թև	[tʰev]
aro (m)	անվագոտի	[anvagotí]
raio (m)	ճաղ	[čaġ]

Carros

146. Tipos de carros

carro, automóvel (m)	ավտոմեքենա	[avtomekʰená]
carro (m) esportivo	սպորտային ավտոմեքենա	[sportajín avtomekʰená]
limusine (f)	լիմուզին	[limuzín]
todo o terreno (m)	արտաճանապարհային ավտոմեքենա	[artačanaparhajín avtomekʰená]
conversível (m)	կաբրիոլետ	[kabriolét]
minibus (m)	միկրոավտոբուս	[mikroavtobús]
ambulância (f)	շտապ օգնություն	[štáp ognutʰjún]
limpa-neve (m)	ձյունամաքրիչ մեքենա	[dzjunamakʰríč mekʰená]
caminhão (m)	բեռնատար	[bernatár]
caminhão-tanque (m)	բենզինատար	[benzinatár]
perua, van (f)	ֆուրգոն	[furgón]
caminhão-trator (m)	ավտոքարշակ	[avtokʰaršák]
reboque (m)	կցորդ	[ktsʰord]
confortável (adj)	հարմարավետ	[harmaravét]
usado (adj)	օգտագործված	[ogtagortsváts]

147. Carros. Carroçaria

capô (m)	ծածկոց	[tsatskótsʰ]
para-choque (m)	անվածածկոց	[anvatsatskótsʰ]
teto (m)	տանիք	[taníkʰ]
para-brisa (m)	առջևի ապակի	[ardʒeví apakí]
retrovisor (m)	հետին դիտահայելի	[hetín ditahajelí]
esguicho (m)	ապակի լվացող սարք	[apakí lvatsʰóġ sárkʰ]
limpadores (m) de para-brisas	ապակեմաքրիչ	[apakemakʰríč]
vidro (m) lateral	կողային ապակի	[koġajín apakí]
elevador (m) do vidro	ապակիների բարձրացնող սարք	[apakinerí bardzratsʰnóġ sárkʰ]
antena (f)	ալեհավաք	[alehavákʰ]
teto (m) solar	լյուկ	[ljuk]
para-choque (m)	բախարգել	[baχargél]
porta-malas (f)	բեռնախցիկ	[bernaχtsʰík]
porta (f)	դուռ	[dur]
maçaneta (f)	բռնիչ	[brnič]
fechadura (f)	փական	[pʰakán]
placa (f)	համարանիշ	[hamaraníš]

silenciador (m)	խլացուցիչ	[χlatsʰutsʰíč]
tanque (m) de gasolina	բենզինաբաք	[benzinabákʰ]
tubo (m) de exaustão	արտաժայթքման խողովակ	[artaʒajtʰkʰmán χoġovák]
acelerador (m)	գազ	[gaz]
pedal (m)	ոտնակ	[votnák]
pedal (m) do acelerador	գազի ոտնակ	[gazí votnák]
freio (m)	արգելակ	[argelák]
pedal (m) do freio	արգելակի ոտնակ	[argelakí votnák]
frear (vt)	արգելակել	[argelakél]
freio (m) de mão	կայանային արգելակ	[kajanajín argelák]
embreagem (f)	կցորդիչ	[ktsʰordíč]
pedal (m) da embreagem	կցորդիչ ոտնակ	[ktsʰordíč votnák]
disco (m) de embreagem	կցորդիչ սկավառակ	[ktsʰordíč skavarák]
amortecedor (m)	ամորտիզատոր	[amortizátor]
roda (f)	անիվ	[anív]
pneu (m) estepe	պահեստային անիվ	[pahestajín anív]
pneu (m)	ավտոդող	[avtodóġ]
calota (f)	կափարիչ	[kapʰaríč]
rodas (f pl) motrizes	քարշակ անիվներ	[kʰaršák anivnér]
de tração dianteira	առջևի քարշակ անիվներ	[ardʒeví kʰaršák anivnér]
de tração traseira	ետևի քարշակ անիվներ	[eteví kʰaršák anivnér]
de tração às 4 rodas	չորս քարշակ անիվներ	[čórs kʰaršák anivnér]
caixa (f) de mudanças	փոխանցատուփ	[poχantsʰatúpʰ]
automático (adj)	ավտոմատ	[avtomát]
mecânico (adj)	մեխանիկական	[meχanikakán]
alavanca (f) de câmbio	փոխանցատուփի լծակ	[pʰoχantsʰatupí ltsák]
farol (m)	լուսարձակ	[lusardzák]
faróis (m pl)	լույսեր	[lujsér]
farol (m) baixo	մոտակա լույս	[motaká lújs]
farol (m) alto	հեռակա լույս	[heraká lújs]
luzes (f pl) de parada	ստոպ ազդանշան	[stóp azdanšán]
luzes (f pl) de posição	գաբարիտային լույսեր	[gabaritajín lujsér]
luzes (f pl) de emergência	վթարային լույսեր	[vtʰarajín lujsér]
faróis (m pl) de neblina	հակամառախուղային լուսարձակներ	[hakamaraχuġajín lusardzaknér]
pisca-pisca (m)	շրջադարձի ցուցիչ	[šrdʒadardzí tsʰutsʰíč]
luz (f) de marcha ré	ետընթացի ցուցիչ	[etəntatʰí tsʰutsʰíč]

148. Carros. Habitáculo

interior (do carro)	սրահ	[srah]
de couro	կաշեպատ	[kašepát]
de veludo	թավշյա	[tʰavšjá]
estofamento (m)	պաստառ	[pastár]
indicador (m)	սարքավորում	[sarkʰavorúm]

painel (m)	սարքավորումների վահանակ	[sarkʰavorumnerí vahanák]
velocímetro (m)	արագաչափ	[aragačápʰ]
ponteiro (m)	սլաք	[slakʰ]
hodômetro, odômetro (m)	հաշվիչ	[hašvíč]
indicador (m)	ցուցիչ	[ʦʰuʦʰíč]
nível (m)	մակարդակ	[makardák]
luz (f) de aviso	լամպ	[lamp]
volante (m)	ղեկ	[ġek]
buzina (f)	ազդանշան	[azdanšán]
botão (m)	կոճակ	[kočák]
interruptor (m)	փոխարկիչ	[pʰoχarkíč]
assento (m)	նստատեղ	[nstatéġ]
costas (f pl) do assento	հենակ	[henák]
cabeceira (f)	գլխատեղ	[glχatéġ]
cinto (m) de segurança	անվտանգության գոտի	[anvtangutʰján gotí]
apertar o cinto	ամրացնել անվտանգության գոտին	[amraʦʰnél anvtangutʰján gotín]
ajuste (m)	կարգավորում	[kargavorúm]
airbag (m)	օդային բարձիկ	[odajín bardzík]
ar (m) condicionado	օդորակիչ	[odorakíč]
rádio (m)	ռադիո	[rádio]
leitor (m) de CD	SD-նվագարկիչ	[sidí nvagarkíč]
ligar (vt)	միացնել	[miaʦʰnél]
antena (f)	ալեհավաք	[alehavákʰ]
porta-luvas (m)	պահախցիկ	[pahaχʦʰík]
cinzeiro (m)	մոխրաման	[moχramán]

149. Carros. Motor

motor (m)	շարժիչ	[šarʒíč]
a diesel	դիզելային	[dizelajín]
a gasolina	բենզինային	[benzinajín]
cilindrada (f)	շարժիչի ծավալ	[šarʒičí ʦavál]
potência (f)	հզորություն	[hzorutʰjún]
cavalo (m) de potência	ձիաուժ	[dziaúʒ]
pistão (m)	մխոց	[mχoʦʰ]
cilindro (m)	գլան	[glan]
válvula (f)	փական	[pʰakán]
injetor (m)	ինժեկտոր	[inʒektór]
gerador (m)	գեներատոր	[generatór]
carburador (m)	կարբյուրատոր	[karbjuratór]
óleo (m) de motor	շարժիչի յուղ	[šarʒičí juġ]
radiador (m)	ռադիատոր	[radiatór]
líquido (m) de arrefecimento	սառեցնող հեղուկ	[sareʦʰnóġ heġúk]
ventilador (m)	օդափոխիչ	[odapʰoχíč]

bateria (f)	մարտկոց	[martkótsʰ]
dispositivo (m) de arranque	ընթացաշարժիչ	[əntʰatsʰašarʒíč]
ignição (f)	լուցիչ	[lutsʰíč]
vela (f) de ignição	շարժիչի մոմիկ	[šarʒičí momík]
terminal (m)	սեղմակ	[seġmák]
terminal (m) positivo	պլյուս	[pljus]
terminal (m) negativo	մինուս	[mínus]
fusível (m)	ապահովիչ	[apahovíč]
filtro (m) de ar	օդի ֆիլտր	[odí filtr]
filtro (m) de óleo	յուղի ֆիլտր	[juġí filtr]
filtro (m) de combustível	վառելիքային ֆիլտր	[varelikʰajín fíltr]

150. Carros. Batidas. Reparação

acidente (m) de carro	վթար	[vtʰar]
acidente (m) rodoviário	ճանապարհային պատահար	[čanaparhajín patahár]
bater (~ num muro)	բախվել	[baχvél]
sofrer um acidente	վնասվածքներ ստանալ	[vnasvatskʰnér stanál]
dano (m)	վնաս	[vnas]
intato	ողջ	[voġdʒ]
avariar (vi)	փչանալ	[pʰčanál]
cabo (m) de reboque	քարշակարան	[kʰaršakarán]
furo (m)	ծակում	[tsakúm]
estar furado	օդը դուրս գալ	[ódə durs gal]
encher (vt)	փչել	[pʰčel]
pressão (f)	ճնշում	[čnšum]
verificar (vt)	ստուգել	[stugél]
reparo (m)	նորոգում	[norogúm]
oficina (f) automotiva	արհեստանոց	[arhestanótsʰ]
peça (f) de reposição	պահեստամաս	[pahestamás]
peça (f)	մաս	[mas]
parafuso (com porca)	հեղույս	[heġújs]
parafuso (m)	պողոսակ	[poġosák]
porca (f)	պտուտակամեր	[ptutakamér]
arruela (f)	մեջդիր	[medʒdír]
rolamento (m)	առանցքակալ	[arantsʰkʰakál]
tubo (m)	խողովակիկ	[χoġovakík]
junta, gaxeta (f)	միջադիր	[midʒadír]
fio, cabo (m)	լար	[lar]
macaco (m)	ամբարձակ	[ambardzák]
chave (f) de boca	մանեկադարձակ	[manekadardzák]
martelo (m)	մուրճ	[murč]
bomba (f)	պոմպ	[pomp]
chave (f) de fenda	պտուտակահան	[ptutakahán]
extintor (m)	կրակմարիչ	[krakmaríč]
triângulo (m) de emergência	վթարային կանգ	[vtʰarajín káng]

morrer (motor) մարել [marél]
paragem, "morte" (f) կանգ առնելը [káng arnél]
estar quebrado կոտրված լինել [kotrváʦ linél]

superaquecer-se (vr) գերտաքանալ [gertakʰanál]
entupir-se (vr) խցանվել [χʦʰanvél]
congelar-se (vr) սառչել [sarčél]
rebentar (vi) ծակվել [ʦakvél]

pressão (f) ճնշում [čnšum]
nível (m) մակարդակ [makardák]
frouxo (adj) թույլ [tʰujl]

batida (f) փոս ընկած տեղ [pʰós ənkáʦ téġ]
ruído (m) թխկոց [tʰχkoʦʰ]
fissura (f) ճեղք [čeġkʰ]
arranhão (m) քերծվածք [kerʦváʦkʰ]

151. Carros. Estrada

estrada (f) ճանապարհ [čanapárh]
autoestrada (f) մայրուղի [majruġí]
rodovia (f) խճուղի [χčuġí]
direção (f) ուղղություն [uġutʰjún]
distância (f) հեռավորություն [heravorutʰjún]

ponte (f) կամուրջ [kamúrʤ]
parque (m) de estacionamento ավտոկայանատեղի [avtokajanateġí]
praça (f) հրապարակ [hraparák]
nó (m) rodoviário հանգուցալուծում [hanguʦʰaluʦúm]
túnel (m) թունել [tʰunél]

posto (m) de gasolina ավտոլցակայան [avtolʦʰakaján]
parque (m) de estacionamento ավտոկայանատեղի [avtokajanateġí]
bomba (f) de gasolina բենզալցակայան [benzalʦʰakaján]
oficina (f) automotiva արհեստանոց [arhestanóʦʰ]
abastecer (vt) լցավորում [lʦʰavorúm]
combustível (m) վառելիք [varelíkʰ]
galão (m) de gasolina թիթեղ [tʰitʰéġ]

asfalto (m) ասֆալտ [asfált]
marcação (f) de estradas նշագիծ [nšagíʦ]
meio-fio (m) մայթեզր [majtʰézr]
guard-rail (m) պատվար [patvár]
valeta (f) խրամատու [χramáru]
acostamento (m) ճամփեզր [čampʰézr]
poste (m) de luz սյուն [sjun]

dirigir (vt) վարել [varél]
virar (~ para a direita) թեքվել [tʰekʰvél]
dar retorno ետ դառնալ [et darnál]
ré (f) ետընթացք [etəntʰáʦʰkʰ]
buzinar (vi) ազդանշանել [azdanšanél]
buzina (f) ձայնային ազդանշան [ʣajnajín azdanšán]

atolar-se (vr)	մնալ	[mnal]
patinar (na lama)	քաշել	[kʰašél]
desligar (vt)	անջատել	[andʒatél]
velocidade (f)	արագություն	[aragutʰjún]
exceder a velocidade	արագությունը գերազանցել	[aragutʰjúnə gerazantsʰél]
multar (vt)	տուգանել	[tuganél]
semáforo (m)	լուսակիր	[lusakír]
carteira (f) de motorista	վարորդական իրավունքներ	[varordakán iravunkʰnér]
passagem (f) de nível	շրջանցում	[šrdʒantsʰúm]
cruzamento (m)	խաչմերուկ	[χačmerúk]
faixa (f)	հետիոտնի անցում	[hetiotní antsʰúm]
curva (f)	ոլորան	[volorán]
zona (f) de pedestres	հետիոտն ճանապարհ	[hetiótn čanapárh]

PESSOAS. EVENTOS

Eventos

152. Férias. Evento

festa (f)	տոն	[ton]
feriado (m) nacional	ազգային տոն	[azgajín tón]
feriado (m)	տոնական օր	[tonakán or]
festejar (vt)	տոնել	[tonél]
evento (festa, etc.)	դեպք	[depkʰ]
evento (banquete, etc.)	միջոցառում	[midʒotsʰarúm]
banquete (m)	ճաշկերույթ	[čaškerújtʰ]
recepção (f)	ընդունելություն	[əndunelutʰjún]
festim (m)	խնջույք	[χndʒujkʰ]
aniversário (m)	տարեդարձ	[taredárdz]
jubileu (m)	հոբելյան	[hobelján]
celebrar (vt)	նշել	[nšel]
Ano (m) Novo	Ամանոր	[amanór]
Feliz Ano Novo!	Շնորհավոր Ամանո՛ր	[šnorhavór amanór]
Natal (m)	Սուրբ ծնունդ	[surb tsnund]
Feliz Natal!	Ուրախ Սուրբ ծնո՛ւնդ	[uráχ súrb tsnúnd]
árvore (f) de Natal	տոնածառ	[tonatsár]
fogos (m pl) de artifício	հրավառություն	[hravarutʰjún]
casamento (m)	հարսանիք	[harsaníkʰ]
noivo (m)	փեսացու	[pʰesatsʰú]
noiva (f)	հարսնացու	[harsnatsʰú]
convidar (vt)	հրավիրել	[hravirél]
convite (m)	հրավիրատոմս	[hraviratóms]
convidado (m)	հյուր	[hjur]
visitar (vt)	հյուր գնալ	[hjur gnal]
receber os convidados	հյուրերին դիմավորել	[hjurerín dimavorél]
presente (m)	նվեր	[nver]
oferecer, dar (vt)	նվիրել	[nvirél]
receber presentes	նվերներ ստանալ	[nvernér stanál]
buquê (m) de flores	ծաղկեփունջ	[tsaġkepʰúndʒ]
felicitações (f pl)	շնորհավորանք	[šnorhavoránkʰ]
felicitar (vt)	շնորհավորել	[šnorhavorél]
cartão (m) de parabéns	շնորհավորական բացիկ	[šnorhavorakán batsʰík]
enviar um cartão postal	բացիկ ուղարկել	[batsʰík uġarkél]

receber um cartão postal	բացիկ ստանալ	[batsʰík stanál]
brinde (m)	կենաց	[kenátsʰ]
oferecer (vt)	հյուրասիրել	[hjurasirél]
champanhe (m)	շամպայն	[šampájn]
divertir-se (vr)	զվարճանալ	[zvarčanál]
diversão (f)	զվարճանք	[zvarčánkʰ]
alegria (f)	ուրախություն	[uraχutʰjún]
dança (f)	պար	[par]
dançar (vi)	պարել	[parél]
valsa (f)	վալս	[vals]
tango (m)	տանգո	[tángo]

153. Funerais. Enterro

cemitério (m)	գերեզմանոց	[gerezmanótsʰ]
sepultura (f), túmulo (m)	գերեզման	[gerezmán]
cruz (f)	խաչ	[χač]
lápide (f)	տապանաքար	[tapanakʰár]
cerca (f)	ցանկապատ	[tsʰankapát]
capela (f)	մատուռ	[matúr]
morte (f)	մահ	[mah]
morrer (vi)	մահանալ	[mahanál]
defunto (m)	հանգուցյալ	[hangutsʰjál]
luto (m)	սուգ	[sug]
enterrar, sepultar (vt)	թաղել	[tʰaġél]
funerária (f)	թաղման բյուրո	[tʰaġmán bjuró]
funeral (m)	թաղման արարողություն	[tʰaġmán araroġutʰjún]
coroa (f) de flores	պսակ	[psak]
caixão (m)	դագաղ	[dagáġ]
carro (m) funerário	դիակառք	[diakárkʰ]
mortalha (f)	սավան	[saván]
urna (f) funerária	աճյունասափոր	[ačjunasapʰór]
crematório (m)	դիակիզարան	[diakizarán]
obituário (m), necrologia (f)	մահախոսական	[mahaχosakán]
chorar (vi)	լացել	[latsʰél]
soluçar (vi)	ողբալ	[voġbál]

154. Guerra. Soldados

pelotão (m)	դասակ	[dasák]
companhia (f)	վաշտ	[vašt]
regimento (m)	գունդ	[gund]
exército (m)	բանակ	[banák]
divisão (f)	դիվիզիա	[divízia]

esquadrão (m)	ջոկատ	[dʒokát]
hoste (f)	զորք	[zorkʰ]
soldado (m)	զինվոր	[zinvór]
oficial (m)	սպա	[spa]
soldado (m) raso	շարքային	[šarkʰajín]
sargento (m)	սերժանտ	[serʒánt]
tenente (m)	լեյտենանտ	[lejtenánt]
capitão (m)	կապիտան	[kapitán]
major (m)	մայոր	[majór]
coronel (m)	գնդապետ	[gndapét]
general (m)	գեներալ	[generál]
marujo (m)	ծովային	[ʦovajín]
capitão (m)	կապիտան	[kapitán]
contramestre (m)	բոցման	[boʦʰmán]
artilheiro (m)	հրետանավոր	[hretanavór]
soldado (m) paraquedista	դեսանտային	[desantajín]
piloto (m)	օդաչու	[odačú]
navegador (m)	ղեկապետ	[ġekapét]
mecânico (m)	մեխանիկ	[meχaník]
sapador-mineiro (m)	սակրավոր	[sakravór]
paraquedista (m)	պարաշյուտիստ	[parašjutíst]
explorador (m)	հետախույզ	[hetaχújz]
atirador (m) de tocaia	սնայպեր	[snájper]
patrulha (f)	պարեկ	[parék]
patrulhar (vt)	պարեկել	[parekél]
sentinela (f)	ժամապահ	[ʒamapáh]
guerreiro (m)	ռազմիկ	[razmík]
patriota (m)	հայրենասեր	[hajrenasér]
herói (m)	հերոս	[herós]
heroína (f)	հերոսուհի	[herosuhí]
traidor (m)	դավաճան	[davačán]
desertor (m)	դասալիք	[dasalíkʰ]
desertar (vt)	դասալքել	[dasalkʰél]
mercenário (m)	վարձկան	[vardzkán]
recruta (m)	նորակոչիկ	[norakočík]
voluntário (m)	կամավոր	[kamavór]
morto (m)	սպանված	[spanváʦə]
ferido (m)	վիրավոր	[viravór]
prisioneiro (m) de guerra	գերի	[gerí]

155. Guerra. Ações militares. Parte 1

guerra (f)	պատերազմ	[paterázm]
guerrear (vt)	պատերազմել	[paterazmél]

guerra (f) civil	քաղաքացիական պատերազմ	[kʰaġakaʦʰiakán paterázm]
perfidamente	նենգորեն	[nengorén]
declaração (f) de guerra	հայտարարում	[hajtararúm]
declarar guerra	հայտարարել	[hajtararél]
agressão (f)	ագրեսիա	[agrésia]
atacar (vt)	հարձակվել	[harʣakvél]
invadir (vt)	զավթել	[zavtʰél]
invasor (m)	զավթիչ	[zavtʰíč]
conquistador (m)	նվաճող	[nvačóġ]
defesa (f)	պաշտպանություն	[paštpanutʰjún]
defender (vt)	պաշտպանել	[paštpanél]
defender-se (vr)	պաշտպանվել	[paštpanvél]
inimigo (m)	թշնամի	[tʰšnamí]
adversário (m)	հակառակորդ	[hakarakórd]
inimigo (adj)	թշնամական	[tʰšnamakán]
estratégia (f)	ռազմավարություն	[razmavarutʰjún]
tática (f)	մարտավարություն	[martavarutʰjún]
ordem (f)	հրաման	[hramán]
comando (m)	հրաման	[hramán]
ordenar (vt)	հրամայել	[hramajél]
missão (f)	առաջադրանք	[araʤadránkʰ]
secreto (adj)	գաղտնի	[gaġtní]
batalha (f)	ճակատամարտ	[čakatamárt]
combate (m)	մարտ	[mart]
ataque (m)	հարձակում	[harʣakúm]
assalto (m)	գրոհ	[groh]
assaltar (vt)	գրոհել	[grohél]
assédio, sítio (m)	պաշարում	[pašarúm]
ofensiva (f)	հարձակում	[harʣakúm]
tomar à ofensiva	հարձակվել	[harʣakvél]
retirada (f)	նահանջ	[nahánʤ]
retirar-se (vr)	նահանջել	[nahanʤél]
cerco (m)	շրջապատում	[šrʤapatúm]
cercar (vt)	շրջապատել	[šrʤapatél]
bombardeio (m)	ռմբակոծություն	[rmbakoʦutʰjún]
lançar uma bomba	ռումբ նետել	[rúmb netél]
bombardear (vt)	ռմբակոծել	[rmbakoʦél]
explosão (f)	պայթյուն	[pajtʰjún]
tiro (m)	կրակոց	[krakóʦʰ]
dar um tiro	կրակել	[krakél]
tiroteio (m)	հրաձգություն	[hraʣgutʰjún]
apontar para …	նշան բռնել	[nšán brnel]
apontar (vt)	ուղղել	[uġġél]

acertar (vt)	դիպչել	[dipčél]
afundar (~ um navio, etc.)	խորտակել	[χortakél]
brecha (f)	ճեղքվածք	[čeġkvátsk^h]
afundar-se (vr)	ընդհատակ գնալ	[əndhaták gnal]
frente (m)	ճակատ	[čakát]
evacuação (f)	էվակուացիա	[ēvakuátsʰia]
evacuar (vt)	էվակուացնել	[ēvakuatsʰnél]
trincheira (f)	խրամատ	[χramát]
arame (m) enfarpado	փշալար	[pʰšalár]
barreira (f) anti-tanque	փակոց	[pʰakótsʰ]
torre (f) de vigia	աշտարակ	[aštarák]
hospital (m) militar	գոսպիտալ	[gospitál]
ferir (vt)	վիրավորել	[viravorél]
ferida (f)	վերք	[verkʰ]
ferido (m)	վիրավոր	[viravór]
ficar ferido	վիրավորվել	[viravorvél]
grave (ferida ~)	ծանր	[tsanr]

156. Armas

arma (f)	զենք	[zenkʰ]
arma (f) de fogo	հրազեն	[hrazén]
arma (f) branca	սառը զենք	[sárə zenkʰ]
arma (f) química	քիմիական զենք	[kimiakán zénkʰ]
nuclear (adj)	միջուկային	[midʒukajín]
arma (f) nuclear	միջուկային զենք	[midʒukajín zénkʰ]
bomba (f)	ռումբ	[rumb]
bomba (f) atômica	ատոմային ռումբ	[atomajín rúmb]
pistola (f)	ատրճանակ	[atrčanák]
rifle (m)	հրացան	[hratsʰán]
semi-automática (f)	ավտոմատ	[avtomát]
metralhadora (f)	գնդացիր	[gndatsʰír]
boca (f)	փողաբերան	[pʰoġaberán]
cano (m)	փող	[pʰoġ]
calibre (m)	տրամաչափ	[tramačápʰ]
gatilho (m)	հրահան	[hrahán]
mira (f)	նշան	[nšan]
carregador (m)	պահեստատուփ	[pahestatúpʰ]
coronha (f)	կոթ	[kotʰ]
granada (f) de mão	նռնակ	[nrnak]
explosivo (m)	պայթուցիկ	[pajtʰutsʰík]
bala (f)	գնդակ	[gndak]
cartucho (m)	փամփուշտ	[pʰampúšt]
carga (f)	լից	[litsʰ]

munições (f pl)	զինամթերք	[zinamtʰérkʰ]
bombardeiro (m)	ռմբակոծիչ	[rmbakoʦíč]
avião (m) de caça	կործանիչ	[korʦaníč]
helicóptero (m)	ուղղաթիռ	[uġatʰír]
canhão (m) antiaéreo	զենիթային թնդանոթ	[zenitʰajín tʰndanótʰ]
tanque (m)	տանկ	[tank]
canhão (de um tanque)	թնդանոթ	[tʰndanótʰ]
artilharia (f)	հրետանի	[hretaní]
fazer a pontaria	ուղղել	[uġġél]
projétil (m)	արկ	[ark]
granada (f) de morteiro	ական	[akán]
morteiro (m)	ականանետ	[akananét]
estilhaço (m)	բեկոր	[bekór]
submarino (m)	սուզանավ	[suzanáv]
torpedo (m)	տորպեդ	[torpéd]
míssil (m)	հրթիռ	[hrtʰir]
carregar (uma arma)	լցնել	[lʦʰnel]
disparar, atirar (vi)	կրակել	[krakél]
apontar para ...	նշան բռնել	[nšán brnel]
baioneta (f)	սվին	[svin]
espada (f)	սուսեր	[susér]
sabre (m)	սուր	[sur]
lança (f)	նիզակ	[nizák]
arco (m)	աղեղ	[aġéġ]
flecha (f)	նետ	[net]
mosquete (m)	մուշկետ	[muškét]
besta (f)	աղեղնազեն	[aġeġnazén]

157. Povos da antiguidade

primitivo (adj)	նախնադարյան	[naχnadarján]
pré-histórico (adj)	նախապատմական	[naχapatmakán]
antigo (adj)	հին	[hin]
Idade (f) da Pedra	քարե դար	[kʰaré dár]
Idade (f) do Bronze	բրոնզե դար	[bronzé dár]
Era (f) do Gelo	սառցե դարաշրջան	[sarʦʰé darašrʤán]
tribo (f)	ցեղ	[ʦʰeġ]
canibal (m)	մարդակեր	[mardakér]
caçador (m)	որսորդ	[vorsórd]
caçar (vi)	որս անել	[vors anél]
mamute (m)	մամոնտ	[mamónt]
caverna (f)	քարանձավ	[kʰarandzáv]
fogo (m)	կրակ	[krak]
fogueira (f)	խարույկ	[χarújk]
pintura (f) rupestre	ժայռանկար	[ʒajrapatkér]

ferramenta (f)	աշխատանքի գործիք	[ašχatankí gortsíkʰ]
lança (f)	նիզակ	[nizák]
machado (m) de pedra	քարե կացին	[kʰaré katsʰín]
guerrear (vt)	պատերազմել	[paterazmél]
domesticar (vt)	ընտելացնել	[əntelatsʰnél]
ídolo (m)	կուռք	[kurkʰ]
adorar, venerar (vt)	պաշտել	[paštél]
superstição (f)	սնապաշտություն	[snapaštutʰjún]
evolução (f)	էվոլյուցիա	[ēvoljútsʰia]
desenvolvimento (m)	զարգացում	[zargatsʰúm]
extinção (f)	անհետացում	[anhetatsʰúm]
adaptar-se (vr)	ընտելանալ	[əntelanál]
arqueologia (f)	հնէաբանություն	[hnēabanutʰjún]
arqueólogo (m)	հնագետ	[hnagét]
arqueológico (adj)	հնէաբանական	[hnēabanakán]
escavação (sítio)	պեղումներ	[peġumnér]
escavações (f pl)	պեղումներ	[peġumnér]
achado (m)	գտածո	[gtatsó]
fragmento (m)	բեկոր	[bekór]

158. Idade média

povo (m)	ժողովուրդ	[ʒoġovúrd]
povos (m pl)	ժողովուրդներ	[ʒoġovurdnér]
tribo (f)	ցեղ	[tsʰeġ]
tribos (f pl)	ցեղեր	[tsʰeġér]
bárbaros (pl)	բարբարոսներ	[barbarosnér]
galeses (pl)	գալլեր	[gallér]
godos (pl)	գոտեր	[gotér]
eslavos (pl)	սլավոններ	[slavonnér]
viquingues (pl)	վիկինգներ	[vikingnér]
romanos (pl)	հռոմեացիներ	[hromeatsʰinér]
romano (adj)	հռոմեական	[hromeakán]
bizantinos (pl)	բաբելոնացիներ	[babelonatsʰinér]
Bizâncio	Բաբելոն	[babelón]
bizantino (adj)	բաբելոնյան	[babelonakán]
imperador (m)	կայսր	[kajsr]
líder (m)	առաջնորդ	[aradʒnórd]
poderoso (adj)	հզոր	[hzor]
rei (m)	թագավոր	[tʰagavór]
governante (m)	դեկավար	[ġekavár]
cavaleiro (m)	ասպետ	[aspét]
senhor feudal (m)	ավատատեր	[avatatér]
feudal (adj)	ավատատիրական	[avatatirakán]
vassalo (m)	վասսալ	[vassál]

duque (m)	դուքս	[dukʰs]
conde (m)	կոմս	[koms]
barão (m)	բարոն	[barón]
bispo (m)	եպիսկոպոս	[episkopós]
armadura (f)	զենք ու զրահ	[zenkʰ u zrah]
escudo (m)	վահան	[vahán]
espada (f)	թուր	[tʰur]
viseira (f)	երեսկալ	[ereskál]
cota (f) de malha	օղազրահ	[oġazráh]
cruzada (f)	խաչակրաց արշավանք	[χačakráʦʰ aršavánkʰ]
cruzado (m)	խաչակիր	[χačakír]
território (m)	տարածք	[taráʦkʰ]
atacar (vt)	հարձակվել	[harʣakvél]
conquistar (vt)	գրավել	[gravél]
ocupar, invadir (vt)	զավթել	[zavtʰél]
assédio, sítio (m)	պաշարում	[pašarúm]
sitiado (adj)	պաշարված	[pašarváʦ]
assediar, sitiar (vt)	պաշարել	[pašarél]
inquisição (f)	հավատաքննություն	[havatakʰnnutʰjún]
inquisidor (m)	հավատաքննիչ	[havatakʰnníč]
tortura (f)	խոշտանգում	[χoštangúm]
cruel (adj)	դաժան	[daʒán]
herege (m)	հերետիկոս	[heretikós]
heresia (f)	հերետիկոսություն	[heretikutʰjún]
navegação (f) marítima	ծովագնացություն	[ʦovagnaʦʰutʰjún]
pirata (m)	ծովահեն	[ʦovahén]
pirataria (f)	ծովահենություն	[ʦovahenutʰjún]
abordagem (f)	նավազգեռում	[navagzerúm]
presa (f), butim (m)	որս	[vors]
tesouros (m pl)	գանձեր	[ganʣér]
descobrimento (m)	հայտնագործություն	[hajtnagorʦutʰjún]
descobrir (novas terras)	հայտնագործել	[hajtnagorʦél]
expedição (f)	արշավ	[aršáv]
mosqueteiro (m)	հրացանակիր	[hraʦʰanakír]
cardeal (m)	կարդինալ	[kardinál]
heráldica (f)	զինանիշագիտություն	[zinanišagitutʰjún]
heráldico (adj)	զինանիշագիտական	[zinanišagitakán]

159. Líder. Chefe. Autoridades

rei (m)	թագավոր	[tʰagavór]
rainha (f)	թագուհի	[tʰaguhí]
real (adj)	թագավորական	[tʰagavorakán]
reino (m)	թագավորություն	[tʰagavorutʰjún]
príncipe (m)	արքայազն	[arkʰajázn]
princesa (f)	արքայադուստր	[arkʰajadústr]

presidente (m)	նախագահ	[naχagáh]
vice-presidente (m)	փոխնախագահ	[pʰoχnaχagáh]
senador (m)	սենատոր	[senatór]
monarca (m)	միապետ	[marzpét]
governante (m)	ղեկավար	[ġekavár]
ditador (m)	դիկտատոր	[diktatór]
tirano (m)	բռնապետ	[brnapét]
magnata (m)	մագնատ	[magnát]
diretor (m)	տնօրեն	[tnorén]
chefe (m)	շեֆ	[šef]
gerente (m)	կառավարիչ	[karavaríč]
patrão (m)	պետ	[pet]
dono (m)	տեր	[ter]
chefe (m)	գլուխ	[gluχ]
autoridades (f pl)	իշխանություններ	[išχanutʰjunnér]
superiores (m pl)	ղեկավարություն	[ġekavarutʰjún]
governador (m)	գուբերնատոր	[gubernátor]
cônsul (m)	հյուպատոս	[hjupatós]
diplomata (m)	դիվանագետ	[divanagét]
Presidente (m) da Câmara	քաղաքապետ	[kʰaġakapét]
xerife (m)	ոստիկանապետ	[vostikanapét]
imperador (m)	կայսր	[kajsr]
czar (m)	թագավոր	[tʰagavór]
faraó (m)	փարավոն	[pʰaravón]
cã, khan (m)	խան	[χan]

160. Violação da lei. Criminosos. Parte 1

bandido (m)	ավազակ	[avazák]
crime (m)	հանցագործություն	[hantsʰagortsutʰjún]
criminoso (m)	հանցագործ	[hantsʰagórts]
ladrão (m)	գող	[goġ]
roubar (vt)	գողանալ	[goġanál]
furto, roubo (m)	գողություն	[goġutʰjún]
raptar, sequestrar (vt)	առևանգել	[arevangél]
sequestro (m)	առևանգում	[arevangúm]
sequestrador (m)	առևանգող	[arevangóġ]
resgate (m)	փրկագին	[pʰrkagín]
pedir resgate	փրկագին պահանջել	[pʰrkagín pahandʒél]
roubar (vt)	կողոպտել	[koġoptél]
assaltante (m)	կողոպտիչ	[koġoptíč]
extorquir (vt)	շորթել	[šortʰél]
extorsionário (m)	շորթիչ	[šortʰíč]
extorsão (f)	շորթում	[šortʰúm]

matar, assassinar (vt)	սպանել	[spanél]
homicídio (m)	սպանություն	[spanut^{h}jún]
homicida, assassino (m)	մարդասպան	[mardaspán]
tiro (m)	կրակոց	[krakóts^{h}]
dar um tiro	կրակել	[krakél]
matar a tiro	կրակել	[krakél]
disparar, atirar (vi)	կրակել	[krakél]
tiroteio (m)	հրաձգություն	[hradzgut^{h}jún]
incidente (m)	պատահար	[patahár]
briga (~ de rua)	կռիվ	[kriv]
vítima (f)	զոհ	[zoh]
danificar (vt)	վնաս հասցնել	[vnas hasts^{h}nél]
dano (m)	վնաս	[vnas]
cadáver (m)	դիակ	[diák]
grave (adj)	ծանր	[tsanr]
atacar (vt)	հարձակում կատարել	[hardzakúm katarél]
bater (espancar)	հարվածել	[harvatsél]
espancar (vt)	ծեծել	[tsetsél]
tirar, roubar (dinheiro)	խլել	[χlel]
esfaquear (vt)	մորթել	[mort^{h}él]
mutilar (vt)	խեղանդամացնել	[χeġandamats^{h}nél]
ferir (vt)	վիրավորել	[viravorél]
chantagem (f)	շորթում	[šort^{h}úm]
chantagear (vt)	շորթել	[šort^{h}él]
chantagista (m)	շորթումնագործ	[šort^{h}umnagórts]
extorsão (f)	դրամաշորթություն	[dramašhort^{h}ut^{h}jún]
extorsionário (m)	դրամաշորթ	[dramašórt^{h}]
gângster (m)	ավազակ	[avazák]
máfia (f)	մաֆիա	[máfia]
punguista (m)	գրպանահատ	[grpanahát]
assaltante, ladrão (m)	կոտրանք կատարող	[kotránk^{h} kataróġ]
contrabando (m)	մաքսանենգություն	[mak^{h}sanengut^{h}jún]
contrabandista (m)	մաքսանենգ	[mak^{h}sanéng]
falsificação (f)	կեղծիք	[keġtsík^{h}]
falsificar (vt)	կեղծել	[keġtsél]
falsificado (adj)	կեղծ	[keġts]

161. Violação da lei. Criminosos. Parte 2

estupro (m)	բռնաբարություն	[brnabarut^{h}jún]
estuprar (vt)	բռնաբարել	[brnabarél]
estuprador (m)	բռնաբարող	[brnabaróġ]
maníaco (m)	մոլագար	[molagár]
prostituta (f)	պոռնիկ	[porník]
prostituição (f)	պոռնկություն	[pornkut^{h}jún]

cafetão (m)	կավատ	[kavát]
drogado (m)	թմրամոլ	[tʰmramól]
traficante (m)	թմրավաճառ	[tʰmravačár]
explodir (vt)	պայթեցնել	[pajtʰetsʰnél]
explosão (f)	պայթյուն	[pajtʰjún]
incendiar (vt)	հրկիզել	[hrkizél]
incendiário (m)	հրկիզող	[hrkizóġ]
terrorismo (m)	ահաբեկչություն	[ahabekčutʰjún]
terrorista (m)	ահաբեկիչ	[ahabekíč]
refém (m)	պատանդ	[patánd]
enganar (vt)	խաբել	[χabél]
engano (m)	խաբեություն	[χabeutʰjún]
vigarista (m)	խարդախ	[χardáχ]
subornar (vt)	կաշառել	[kašarél]
suborno (atividade)	կաշառք	[kašárkʰ]
suborno (dinheiro)	կաշառք	[kašárkʰ]
veneno (m)	թույն	[tʰujn]
envenenar (vt)	թունավորել	[tʰunavorél]
envenenar-se (vr)	թունավորվել	[tʰunavorél]
suicídio (m)	ինքնասպանություն	[inkʰnaspanutʰjún]
suicida (m)	ինքնասպան	[inkʰnaspán]
ameaçar (vt)	սպառնալ	[sparnál]
ameaça (f)	սպառնալիք	[sparnalíkʰ]
atentar contra a vida de ...	մահափորձ կատարել	[mahapʰórʣ katarél]
atentado (m)	մահափորձ	[mahapʰórʣ]
roubar (um carro)	առևանգել	[arevangél]
sequestrar (um avião)	առևանգել	[arevangél]
vingança (f)	վրեժ	[vreʒ]
vingar (vt)	վրեժ լուծել	[vreʒ luʦél]
torturar (vt)	խոշտանգել	[χoštangél]
tortura (f)	խոշտանգում	[χoštangúm]
atormentar (vt)	խոշտանգել	[χoštangél]
pirata (m)	ծովահեն	[ʦovahén]
desordeiro (m)	խուլիգան	[χuligán]
armado (adj)	զինված	[zinváʦ]
violência (f)	բռնություն	[brnutʰjún]
espionagem (f)	լրտեսություն	[lrtesutʰjún]
espionar (vi)	լրտեսել	[lrtesél]

162. Polícia. Lei. Parte 1

justiça (sistema de ~)	դատ	[dat]
tribunal (m)	դատարան	[datarán]

juiz (m)	դատավոր	[datavór]
jurados (m pl)	ատենակալ	[atenakál]
tribunal (m) do júri	ատենակալների դատարան	[atenakalnerí datarán]
julgar (vt)	դատել	[datél]
advogado (m)	փաստաբան	[pʰastabán]
réu (m)	ամբաստանյալ	[ambastanjál]
banco (m) dos réus	ամբաստանյալների աթոռ	[ambastanjalnerí atʰór]
acusação (f)	մեղադրանք	[meġadránkʰ]
acusado (m)	մեղադրյալ	[meġadrjál]
sentença (f)	դատավճիռ	[datavčír]
sentenciar (vt)	դատապարտել	[datapartél]
culpado (m)	հանցավոր	[hantsʰavór]
punir (vt)	պատժել	[patʒél]
punição (f)	պատժամիջոց	[patʒamidʒótsʰ]
multa (f)	տուգանք	[tugánkʰ]
prisão (f) perpétua	ցմահ բանտարկություն	[tsʰmáh bantarkutʰjún]
pena (f) de morte	մահապատիժ	[mahapatíʒ]
cadeira (f) elétrica	էլեկտրական աթոռ	[ēlektrakán atʰór]
forca (f)	կախաղան	[kaχaġán]
executar (vt)	մահապատժի ենթարկել	[mahapatʒí entʰarkél]
execução (f)	մահապատիժ	[mahapatíʒ]
prisão (f)	բանտ	[bant]
cela (f) de prisão	բանտախցիկ	[bantaχtsʰík]
escolta (f)	պահակախումբ	[pahakaχúmb]
guarda (m) prisional	հսկիչ	[hskič]
preso, prisioneiro (m)	բանտարկյալ	[bantarkjál]
algemas (f pl)	ձեռնաշղթաներ	[dzernašġtʰanér]
algemar (vt)	ձեռնաշղթաներ հագցնել	[dzernašġtʰanér hagtsʰnél]
fuga, evasão (f)	փախուստ	[pʰaχúst]
fugir (vi)	փախչել	[pʰaχčél]
desaparecer (vi)	անհայտանալ	[anhajtanál]
soltar, libertar (vt)	ազատել	[azatél]
anistia (f)	ներում	[nerúm]
polícia (instituição)	ոստիկանություն	[vostikanutʰjún]
polícia (m)	ոստիկան	[vostikán]
delegacia (f) de polícia	ոստիկանության բաժանմունք	[vostikanutʰján baʒanmúnkʰ]
cassetete (m)	ռետինե մահակ	[retiné mahák]
megafone (m)	խոսափող	[χosapʰóġ]
carro (m) de patrulha	պարեկային ավտոմեքենա	[parekajín avtomekʰená]
sirene (f)	շչակ	[ščak]
ligar a sirene	շչակը միացնել	[ščákə miatsʰnél]
toque (m) da sirene	շչակի ոռնոց	[ščakí vornótsʰ]
cena (f) do crime	դեպքի վայր	[depkʰí vajr]

testemunha (f)	վկա	[vka]
liberdade (f)	ազատություն	[azatutʰjún]
cúmplice (m)	հանցակից	[hantsʰakítsʰ]
escapar (vi)	փախչել	[pʰaχčél]
traço (não deixar ~s)	հետք	[hetkʰ]

163. Polícia. Lei. Parte 2

procura (f)	հետաքննություն	[hetakʰnnutʰjún]
procurar (vt)	փնտրել	[pʰntrel]
suspeita (f)	կասկած	[kaskáts]
suspeito (adj)	կասկածելի	[kaskatselí]
parar (veículo, etc.)	կանգնեցնել	[kangnetsʰnél]
deter (fazer parar)	ձերբակալել	[dzerbakalél]
caso (~ criminal)	գործ	[gorts]
investigação (f)	հետաքննություն	[hetakʰnnutʰjún]
detetive (m)	խուզարկու	[χuzarkú]
investigador (m)	քննիչ	[kʰnnič]
versão (f)	վարկած	[varkáts]
motivo (m)	շարժառիթ	[šarʒarítʰ]
interrogatório (m)	հարցաքննություն	[hartsʰakʰnnutʰjún]
interrogar (vt)	հարվաքննել	[hartsakʰnnél]
questionar (vt)	հարցաքննել	[hartsʰakʰnnél]
verificação (f)	ստուգում	[stugúm]
batida (f) policial	շուրջկալ	[šurdʒkál]
busca (f)	խուզարկություն	[χuzarkutʰjún]
perseguição (f)	հետապնդում	[hetapndúm]
perseguir (vt)	հետապնդել	[hetapndél]
seguir, rastrear (vt)	հետևել	[hetevél]
prisão (f)	ձերբակալություն	[dzerbakalutʰjún]
prender (vt)	ձերբակալել	[dzerbakalél]
pegar, capturar (vt)	բռնել	[brnel]
captura (f)	բռնելը	[brnelə]
documento (m)	փաստաթուղթ	[pʰastatʰúġtʰ]
prova (f)	ապացույց	[apatsʰújtsʰ]
provar (vt)	ապացուցել	[apatsʰutsʰél]
pegada (f)	հետք	[hetkʰ]
impressões (f pl) digitais	մատնահետքեր	[matnahetkʰér]
prova (f)	հանցանշան	[hantsʰanšán]
álibi (m)	ալիբի	[álibi]
inocente (adj)	անմեղ	[anméġ]
injustiça (f)	անարդարություն	[anardarutʰjún]
injusto (adj)	անարդար	[anardár]
criminal (adj)	քրեական	[kʰreakán]
confiscar (vt)	բռնագրավել	[brnagravél]
droga (f)	թմրանյութ	[tʰmranjútʰ]
arma (f)	զենք	[zenkʰ]

desarmar (vt)	զինաթափել	[zinatʰapʰél]
ordenar (vt)	հրամայել	[hramajél]
desaparecer (vi)	անհետանալ	[anhetanál]
lei (f)	օրենք	[orénkʰ]
legal (adj)	օրինական	[orinakán]
ilegal (adj)	անօրինական	[anorinakán]
responsabilidade (f)	պատասխանատվություն	[patasχanatvutʰjún]
responsável (adj)	պատասխանատու	[patasχanatú]

NATUREZA

A Terra. Parte 1

164. Espaço sideral

espaço, cosmo (m)	տիեզերք	[tiezérkʰ]
espacial, cósmico (adj)	տիեզերական	[tiezerakán]
espaço (m) cósmico	տիեզերական տարածություն	[tiezerakán taratsutʰjún]
mundo (m)	աշխարհ	[ašχárh]
universo (m)	տիեզերք	[tiezérkʰ]
galáxia (f)	գալակտիկա	[galáktika]
estrela (f)	աստղ	[astġ]
constelação (f)	համաստեղություն	[hamasteġutʰjún]
planeta (m)	մոլորակ	[molorák]
satélite (m)	արբանյակ	[arbanják]
meteorito (m)	երկնաքար	[erknakʰár]
cometa (m)	գիսաստղ	[gisástġ]
asteroide (m)	աստղակերպ	[astġakérp]
órbita (f)	ուղեծիր	[uġetsír]
girar (vi)	պտտվել	[ptətvél]
atmosfera (f)	մթնոլորտ	[mtʰnolórt]
Sol (m)	արեգակ	[aregák]
Sistema (m) Solar	արեգակնային համակարգ	[aregaknajín hamakárg]
eclipse (m) solar	արևի խավարում	[areví χavarúm]
Terra (f)	Երկիր	[erkír]
Lua (f)	Լուսին	[lusín]
Marte (m)	Մարս	[mars]
Vênus (f)	Վեներա	[venéra]
Júpiter (m)	Յուպիտեր	[jupíter]
Saturno (m)	Սատուրն	[satúrn]
Mercúrio (m)	Մերկուրի	[merkúri]
Urano (m)	Ուրան	[urán]
Netuno (m)	Նեպտուն	[neptún]
Plutão (m)	Պլուտոն	[plutón]
Via Láctea (f)	Կաթնածիր	[katʰnatsír]
Ursa Maior (f)	Մեծ Արջ	[mets ardʒ]
Estrela Polar (f)	Բևեռային Աստղ	[beverajín ástġ]
marciano (m)	Մարսի բնակիչ	[marsí bnakíč]

extraterrestre (m)	այլմոլորակային	[ajlmolorakajín]
alienígena (m)	եկվոր	[ekvór]
disco (m) voador	թռչող ափսե	[t^{h}rčóġ ap^{h}sé]
espaçonave (f)	տիեզերանավ	[tiezeragnáʦ]
estação (f) orbital	ուղեծրային կայան	[uġeʦrajín kaján]
lançamento (m)	մեկնաթռիչք	[meknat^{h}ríčk^{h}]
motor (m)	շարժիչ	[šarʒíč]
bocal (m)	փողելք	[p^{h}oġélk^{h}]
combustível (m)	վառելիք	[varelík^{h}]
cabine (f)	խցիկ	[χʦ^{h}ik]
antena (f)	ալեհավաք	[alehavák^{h}]
vigia (f)	իլյումինատոր	[iljuminátor]
bateria (f) solar	արևային մարտկոց	[arevajín martkóʦ^{h}]
traje (m) espacial	սկաֆանդր	[skafándr]
imponderabilidade (f)	անկշռություն	[ankšrut^{h}jún]
oxigênio (m)	թթվածին	[t^{h}t^{h}vaʦín]
acoplagem (f)	միակցում	[miakʦ^{h}úm]
fazer uma acoplagem	միակցում կատարել	[miakʦ^{h}úm katarél]
observatório (m)	աստղադիտարան	[astġaditarán]
telescópio (m)	աստղադիտակ	[astġaditák]
observar (vt)	հետևել	[hetevél]
explorar (vt)	հետազոտել	[hetazotél]

165. A Terra

Terra (f)	Երկիր	[erkír]
globo terrestre (Terra)	երկրագունդ	[erkragúnd]
planeta (m)	մոլորակ	[molorák]
atmosfera (f)	մթնոլորտ	[mt^{h}nolórt]
geografia (f)	աշխարհագրություն	[ašχarhagrut^{h}jún]
natureza (f)	բնություն	[bnut^{h}jún]
globo (mapa esférico)	գլոբուս	[globús]
mapa (m)	քարտեզ	[k^{h}artéz]
atlas (m)	ատլաս	[atlás]
Europa (f)	Եվրոպա	[evrópa]
Ásia (f)	Ասիա	[ásia]
África (f)	Աֆրիկա	[áfrika]
Austrália (f)	Ավստրալիա	[avstrália]
América (f)	Ամերիկա	[amérika]
América (f) do Norte	Հյուսիսային Ամերիկա	[hjusisajín amérika]
América (f) do Sul	Հարավային Ամերիկա	[haravajín amérika]
Antártida (f)	Անտարկտիդա	[antarktída]
Ártico (m)	Արկտիկա	[árktika]

166. Pontos cardeais

norte (m)	հյուսիս	[hjusís]
para norte	դեպի հյուսիս	[depí hjusís]
no norte	հյուսիսում	[hjusisúm]
do norte (adj)	հյուսիսային	[hjusisajín]
sul (m)	հարավ	[haráv]
para sul	դեպի հարավ	[depí haráv]
no sul	հարավում	[haravúm]
do sul (adj)	հարավային	[haravajín]
oeste, ocidente (m)	արևմուտք	[arevmútkʰ]
para oeste	դեպի արևմուտք	[depí arevmútkʰ]
no oeste	արևմուտքում	[arevmutkʰúm]
ocidental (adj)	արևմտյան	[arevmtján]
leste, oriente (m)	արևելք	[arevélkʰ]
para leste	դեպի արևելք	[depí arevélkʰ]
no leste	արևելքում	[arevelkʰúm]
oriental (adj)	արևելյան	[arevelján]

167. Mar. Oceano

mar (m)	ծով	[ʦov]
oceano (m)	օվկիանոս	[ovkianós]
golfo (m)	ծոց	[ʦoʦʰ]
estreito (m)	նեղուց	[neġúʦʰ]
terra (f) firme	ցամաք	[ʦʰamákʰ]
continente (m)	մայրցամաք	[majrʦʰamákʰ]
ilha (f)	կղզի	[kġzi]
península (f)	թերակղզի	[tʰerakġzí]
arquipélago (m)	արշիպելագ	[aršipelág]
baía (f)	ծովախորշ	[ʦovaχórš]
porto (m)	նավահանգիստ	[navahangíst]
lagoa (f)	ծովալճակ	[ʦovalčák]
cabo (m)	հրվանդան	[hrvandán]
atol (m)	ատոլ	[atól]
recife (m)	խութ	[χutʰ]
coral (m)	մարջան	[marʤán]
recife (m) de coral	մարջանախութ	[marʤanaχútʰ]
profundo (adj)	խորը	[χórə]
profundidade (f)	խորություն	[χorutʰjún]
abismo (m)	անդունդ	[andúnd]
fossa (f) oceânica	ծովախորշ	[ʦovaχórš]
corrente (f)	հոսանք	[hosánkʰ]
banhar (vt)	ողողել	[voġoġél]
litoral (m)	ափ	[apʰ]

costa (f)	ծովափ	[ʦovápʰ]
maré (f) alta	մակընթացություն	[makəntʰaʦʰutʰjún]
refluxo (m)	տեղատվություն	[teġatvutʰjún]
restinga (f)	առափնյա ծանծաղուտ	[arapʰnjá ʦanʦaġút]
fundo (m)	հատակ	[haták]
onda (f)	ալիք	[alíkʰ]
crista (f) da onda	ալիքի կատար	[alikʰí katár]
espuma (f)	փրփուր	[pʰrpʰur]
tempestade (f)	փոթորիկ	[pʰotʰorík]
furacão (m)	մրրիկ	[mrrik]
tsunami (m)	ցունամի	[ʦʰunámi]
calmaria (f)	խաղաղություն	[χaġaġutʰjún]
calmo (adj)	հանգիստ	[hangíst]
polo (m)	բևեռ	[bevér]
polar (adj)	բևեռային	[beverajín]
latitude (f)	լայնություն	[lajnutʰjún]
longitude (f)	երկարություն	[erkarutʰjún]
paralela (f)	զուգահեռական	[zugaherakán]
equador (m)	հասարակած	[hasarakáʦ]
céu (m)	երկինք	[erkínkʰ]
horizonte (m)	հորիզոն	[horizón]
ar (m)	օդ	[od]
farol (m)	փարոս	[pʰarós]
mergulhar (vi)	սուզվել	[suzvél]
afundar-se (vr)	խորտակվել	[χortakvél]
tesouros (m pl)	գանձեր	[ganʣér]

168. Montanhas

montanha (f)	լեռ	[ler]
cordilheira (f)	լեռնաշղթա	[lernašġtʰá]
serra (f)	լեռնագագաթ	[lernagagátʰ]
cume (m)	գագաթ	[gagátʰ]
pico (m)	լեռնագագաթ	[lernagagátʰ]
pé (m)	ստորոտ	[storót]
declive (m)	սարալանջ	[saraláncʒ]
vulcão (m)	հրաբուխ	[hrabúχ]
vulcão (m) ativo	գործող հրաբուխ	[gorʦóġ hrabúχ]
vulcão (m) extinto	հանգած հրաբուխ	[hangáʦ hrabúχ]
erupção (f)	ժայթքում	[ʒajtʰkʰúm]
cratera (f)	խառնարան	[χarnarán]
magma (m)	մագմա	[mágma]
lava (f)	լավա	[láva]
fundido (lava ~a)	շիկացած	[šikaʦʰáʦ]
cânion, desfiladeiro (m)	խնձահովիտ	[χnʣahovít]

garganta (f)	կիրճ	[kirč]
fenda (f)	նեղ կիրճ	[neġ kirč]
passo, colo (m)	լեռնանցք	[lernánʦʰkʰ]
planalto (m)	սարահարթ	[sarahártʰ]
falésia (f)	ժայռ	[ʒajr]
colina (f)	բլուր	[blur]
geleira (f)	սառցադաշտ	[sarʦʰadášt]
cachoeira (f)	ջրվեժ	[ʤrveʒ]
gêiser (m)	գեյզեր	[géjzer]
lago (m)	լիճ	[lič]
planície (f)	հարթավայր	[hartʰavájr]
paisagem (f)	բնատեսարան	[bnatesarán]
eco (m)	արձագանք	[arʣagánkʰ]
alpinista (m)	լեռնագնաց	[lernagnáʦʰ]
escalador (m)	ժայռամագլցող	[ʒajramaglʦʰóġ]
conquistar (vt)	գերել	[gerél]
subida, escalada (f)	վերելք	[verélkʰ]

169. Rios

rio (m)	գետ	[get]
fonte, nascente (f)	աղբյուր	[aġbjúr]
leito (m) de rio	հուն	[hun]
bacia (f)	ջրավազան	[ʤravazán]
desaguar no ...	թափվել	[tʰapʰvél]
afluente (m)	վտակ	[vtak]
margem (do rio)	ափ	[apʰ]
corrente (f)	հոսանք	[hosánkʰ]
rio abaixo	հոսանքն ի վայր	[hosánkʰn í vájr]
rio acima	հոսանքն ի վեր	[hosánkʰn í vér]
inundação (f)	հեղեղում	[heġeġúm]
cheia (f)	վարարություն	[vararutʰjún]
transbordar (vi)	վարարել	[vararél]
inundar (vt)	հեղեղել	[heġeġél]
banco (m) de areia	ծանծաղուտ	[ʦanʦaġút]
corredeira (f)	սահանք	[sahánkʰ]
barragem (f)	ամբարտակ	[ambarták]
canal (m)	ջրանցք	[ʤránʦʰkʰ]
reservatório (m) de água	ջրամբար	[ʤrambár]
eclusa (f)	ջրագելակ	[ʤragelák]
corpo (m) de água	ջրավազան	[ʤravazán]
pântano (m)	ճահիճ	[čahíč]
lamaçal (m)	ճահճուտ	[čahčút]
redemoinho (m)	հորձանուտ	[horʣanút]

riacho (m)	առու	[arú]
potável (adj)	խմելու	[χmelú]
doce (água)	քաղցրահամ	[kʰaġtsʰrahám]
gelo (m)	սառույց	[sarújtsʰ]
congelar-se (vr)	սառչել	[sarčél]

170. Floresta

floresta (f), bosque (m)	անտառ	[antár]
florestal (adj)	անտառային	[antarajín]
mata (f) fechada	թավուտ	[tʰavút]
arvoredo (m)	պուրակ	[purák]
clareira (f)	բացատ	[batsʰát]
matagal (m)	մացառուտ	[matsʰarút]
mato (m), caatinga (f)	թփուտ	[tʰpʰut]
pequena trilha (f)	կածան	[katsán]
ravina (f)	ձորակ	[dzorák]
árvore (f)	ծառ	[tsar]
folha (f)	տերև	[terév]
folhagem (f)	տերևներ	[terevnér]
queda (f) das folhas	տերևաթափ	[terevatʰápʰ]
cair (vi)	թափվել	[tʰapʰvél]
topo (m)	կատար	[katár]
ramo (m)	ճյուղ	[čjuġ]
galho (m)	ոստ	[vost]
botão (m)	բողբոջ	[boġbódʒ]
agulha (f)	փուշ	[pʰuš]
pinha (f)	ելունդ	[elúnd]
buraco (m) de árvore	փչակ	[pʰčak]
ninho (m)	բույն	[bujn]
toca (f)	որջ	[vordʒ]
tronco (m)	բուն	[bun]
raiz (f)	արմատ	[armát]
casca (f) de árvore	կեղև	[keġév]
musgo (m)	մամուռ	[mamúr]
arrancar pela raiz	արմատախիլ անել	[armataχíl anél]
cortar (vt)	հատել	[hatél]
desflorestar (vt)	անտառահատել	[antarahatél]
toco, cepo (m)	կոճղ	[kočġ]
fogueira (f)	խարույկ	[χarújk]
incêndio (m) florestal	հրդեհ	[hrdeh]
apagar (vt)	հանգցնել	[hangtsʰnél]
guarda-parque (m)	անտառապահ	[antarapáh]

proteção (f)	պահպանություն	[pahpanutʰjún]
proteger (a natureza)	պահպանել	[pahpanél]
caçador (m) furtivo	որսագող	[vorsagóġ]
armadilha (f)	թակարդ	[tʰakárd]
colher (cogumelos, bagas)	հավաքել	[havakʰél]
perder-se (vr)	մոլորվել	[molorvél]

171. Recursos naturais

recursos (m pl) naturais	բնական ռեսուրսներ	[bnakán resursnér]
minerais (m pl)	օգտակար հանածոներ	[ogtakár hanatsonér]
depósitos (m pl)	հանքաշերտ	[hankʰašért]
jazida (f)	հանքավայր	[hankʰavájr]
extrair (vt)	արդյունահանել	[ardjunahanél]
extração (f)	արդյունահանում	[ardjunahanúm]
minério (m)	հանքաքար	[hankʰakʰár]
mina (f)	հանք	[hankʰ]
poço (m) de mina	հորան	[horán]
mineiro (m)	հանքափոր	[hankʰapʰór]
gás (m)	գազ	[gaz]
gasoduto (m)	գազատար	[gazatár]
petróleo (m)	նավթ	[navtʰ]
oleoduto (m)	նավթատար	[navtʰatár]
poço (m) de petróleo	նավթային աշտարակ	[navtʰajín aštarák]
torre (f) petrolífera	հորատման աշտարակ	[horatmán aštarák]
petroleiro (m)	լցանավ	[ltsʰanáv]
areia (f)	ավազ	[aváz]
calcário (m)	կրաքար	[krakʰár]
cascalho (m)	խիճ	[χič]
turfa (f)	տորֆ	[torf]
argila (f)	կավ	[kav]
carvão (m)	ածուխ	[atsúχ]
ferro (m)	երկաթ	[erkátʰ]
ouro (m)	ոսկի	[voskí]
prata (f)	արծաթ	[artsátʰ]
níquel (m)	նիկել	[nikél]
cobre (m)	պղինձ	[pġindz]
zinco (m)	ցինկ	[tsʰink]
manganês (m)	մանգան	[mangán]
mercúrio (m)	սնդիկ	[sndik]
chumbo (m)	արճիճ	[arčíč]
mineral (m)	հանքանյութ	[hankʰanjútʰ]
cristal (m)	բյուրեղ	[bjuréġ]
mármore (m)	մարմար	[marmár]
urânio (m)	ուրան	[urán]

A Terra. Parte 2

172. Tempo

tempo (m) եղանակ [eġanák]
previsão (f) do tempo եղանակի տեսություն [eġanakí tesutʰjún]
temperatura (f) ջերմաստիճան [dʒermastičán]
termômetro (m) ջերմաչափ [dʒermačápʰ]
barômetro (m) ծանրաչափ [ʦanračápʰ]

umidade (f) խոնավություն [χonavutʰjún]
calor (m) տապ [tap]
tórrido (adj) շոգ [šog]
está muito calor շոգ է [šog ē]

está calor տաք է [takʰ ē]
quente (morno) տաք [takʰ]

está frio ցուրտ է [ʦʰúrt ē]
frio (adj) սառը [sárə]

sol (m) արև [arév]
brilhar (vi) շողալ [šoġál]
de sol, ensolarado արևային [arevajín]
nascer (vi) ծագել [ʦagél]
pôr-se (vr) մայր մտնել [majr mtnel]

nuvem (f) ամպ [amp]
nublado (adj) ամպամած [ampamáʦ]

nuvem (f) preta թուխպ [tʰuχp]
escuro, cinzento (adj) ամպամած [ampamáʦ]

chuva (f) անձրև [anʣrév]
está a chover անձրև է գալիս [anʣrév ē galís]

chuvoso (adj) անձրևային [anʣrevajín]
chuviscar (vi) մաղել [maġél]

chuva (f) torrencial տեղատարափ անձրև [teġataráp ʰ anʣrév]
aguaceiro (m) տեղատարափ անձրև [teġataráp ʰ anʣrév]
forte (chuva, etc.) տարափ [tarápʰ]

poça (f) ջրակույտ [dʒrakújt]
molhar-se (vr) թրջվել [tʰrdʒvel]

nevoeiro (m) մառախուղ [maraχúġ]
de nevoeiro մառախլապատ [maraχlapát]
neve (f) ձյուն [ʣjun]
está nevando ձյուն է գալիս [ʣjún ē galís]

173. Tempo extremo. Catástrofes naturais

trovoada (f)	փոթորիկ	[p^{h}ot^{h}orík]
relâmpago (m)	կայծակ	[kajʦák]
relampejar (vi)	փայլատակել	[p^{h}ajlatakél]
trovão (m)	որոտ	[vorót]
trovejar (vi)	որոտալ	[vorotál]
está trovejando	ամպերը որոտում են	[ampérə vorotúm én]
granizo (m)	կարկուտ	[karkút]
está caindo granizo	կարկուտ է գալիս	[karkút ē galís]
inundar (vt)	հեղեղել	[heġeġél]
inundação (f)	հեղեղում	[heġeġúm]
terremoto (m)	երկրաշարժ	[erkrašárʒ]
abalo, tremor (m)	ցնցում	[ʦ^{h}nʦ^{h}um]
epicentro (m)	էպիկենտրոն	[ēpikentrón]
erupção (f)	ժայթքում	[ʒajt^{h}k^{h}úm]
lava (f)	լավա	[láva]
tornado (m)	մրրկասյուն	[mrrkasjún]
tornado (m)	տորնադո	[tornádo]
tufão (m)	տայֆուն	[tajfún]
furacão (m)	մրրիկ	[mrrik]
tempestade (f)	փոթորիկ	[p^{h}ot^{h}orík]
tsunami (m)	ցունամի	[ʦ^{h}unámi]
ciclone (m)	ցիկլոն	[ʦ^{h}iklón]
mau tempo (m)	վատ եղանակ	[vat eġanák]
incêndio (m)	հրդեհ	[hrdeh]
catástrofe (f)	աղետ	[aġét]
meteorito (m)	երկնաքար	[erknak^{h}ár]
avalanche (f)	հուսին	[husín]
deslizamento (m) de neve	ձնահյուս	[ʣnahjús]
nevasca (f)	բուք	[buk^h]
tempestade (f) de neve	բորան	[borán]

Fauna

174. Mamíferos. Predadores

predador (m)	գիշատիչ	[gišatíč]
tigre (m)	վագր	[vagr]
leão (m)	առյուծ	[arjúʦ]
lobo (m)	գայլ	[gajl]
raposa (f)	աղվես	[aġvés]
jaguar (m)	հովազ	[hováz]
leopardo (m)	ընձառյուծ	[ənʣarjúʦ]
chita (f)	շնակատու	[šnakatú]
pantera (f)	հովազ	[hováz]
puma (m)	կուգուար	[kuguár]
leopardo-das-neves (m)	ձյունաճերմակ հովազ	[ʣjunačermák hováz]
lince (m)	լուսան	[lusán]
coiote (m)	կոյոտ	[kojót]
chacal (m)	շնագայլ	[šnagájl]
hiena (f)	բորենի	[borení]

175. Animais selvagens

animal (m)	կենդանի	[kendaní]
besta (f)	գազան	[gazán]
esquilo (m)	սկյուռ	[skjur]
ouriço (m)	ոզնի	[vozní]
lebre (f)	նապաստակ	[napasták]
coelho (m)	ճագար	[čagár]
texugo (m)	փորսուղ	[p^{h}orsúġ]
guaxinim (m)	ջրարջ	[ʤrarʤ]
hamster (m)	գերմանամուկ	[germanamúk]
marmota (f)	արջամուկ	[arʤamúk]
toupeira (f)	խլուրդ	[χlurd]
rato (m)	մուկ	[muk]
ratazana (f)	առնետ	[arnét]
morcego (m)	չղջիկ	[čġʤik]
arminho (m)	կնգում	[kngum]
zibelina (f)	սամույր	[samújr]
marta (f)	կզաքիս	[kzak^{h}ís]
doninha (f)	աքիս	[ak^{h}ís]
visom (m)	ջրաքիս	[ʤrak^{h}ís]

castor (m)	կուղբ	[kuġb]
lontra (f)	ջրասամույր	[ʤrasamújr]
cavalo (m)	ձի	[ʣi]
alce (m)	որմզդեղն	[vormzdéġn]
veado (m)	եղջերու	[eġʤerú]
camelo (m)	ուղտ	[uġt]
bisão (m)	բիզոն	[bizón]
auroque (m)	վայրի ցուլ	[vajrí ʦʰul]
búfalo (m)	գոմեշ	[goméš]
zebra (f)	զեբր	[zebr]
antílope (m)	այծեղջերու	[ajʦeġʤerú]
corça (f)	այծյամ	[ajʦják]
gamo (m)	եղնիկ	[eġník]
camurça (f)	քարայծ	[kʰarájʦ]
javali (m)	վարազ	[varáz]
baleia (f)	կետ	[ket]
foca (f)	փոկ	[pʰok]
morsa (f)	ծովափիղ	[ʦovapʰíġ]
urso-marinho (m)	ծովարջ	[ʦovárʤ]
golfinho (m)	դելֆին	[delfín]
urso (m)	արջ	[arʤ]
urso (m) polar	սպիտակ արջ	[spiták árʤ]
panda (m)	պանդա	[pánda]
macaco (m)	կապիկ	[kapík]
chimpanzé (m)	շիմպանզե	[šimpanzé]
orangotango (m)	օրանգուտանգ	[orangutáng]
gorila (m)	գորիլլա	[gorílla]
macaco (m)	մակակա	[makáka]
gibão (m)	գիբբոն	[gibbón]
elefante (m)	փիղ	[pʰiġ]
rinoceronte (m)	ռնգեղջյուր	[rngeġʤjúr]
girafa (f)	ընձուղտ	[ənʣúġt]
hipopótamo (m)	գետաձի	[getaʣí]
canguru (m)	ագեվազ	[agեváz]
coala (m)	կոալա	[koála]
mangusto (m)	մանգուստ	[mangúst]
chinchila (f)	շինշիլա	[šinšíla]
cangambá (f)	սկունս	[skuns]
porco-espinho (m)	խոզուկ	[χozúk]

176. Animais domésticos

gata (f)	կատու	[katú]
gato (m) macho	կատու	[katú]
cão (m)	շուն	[šun]

cavalo (m)	ձի	[dzi]
garanhão (m)	հովատակ	[hovaták]
égua (f)	զամբիկ	[zambík]
vaca (f)	կով	[kov]
touro (m)	ցուլ	[tsʰul]
boi (m)	եզ	[ez]
ovelha (f)	ոչխար	[vočχár]
carneiro (m)	խոյ	[χoj]
cabra (f)	այծ	[ajts]
bode (m)	այծ	[ajts]
burro (m)	ավանակ	[avanák]
mula (f)	ջորի	[dʒorí]
porco (m)	խոզ	[χoz]
leitão (m)	գոճի	[gočí]
coelho (m)	ճագար	[čagár]
galinha (f)	հավ	[hav]
galo (m)	աքլոր	[akʰlór]
pata (f), pato (m)	բադ	[bad]
pato (m)	բադաքլոր	[badakʰlór]
ganso (m)	սագ	[sag]
peru (m)	հնդկահավ	[hndkaháv]
perua (f)	հնդկահավ	[hndkaháv]
animais (m pl) domésticos	ընտանի կենդանիներ	[əntaní kendaninér]
domesticado (adj)	ձեռնասուն	[dzernasún]
domesticar (vt)	ընտելացնել	[əntelatsʰnél]
criar (vt)	բուծել	[butsél]
fazenda (f)	ֆերմա	[férma]
aves (f pl) domésticas	ընտանի թռչուններ	[əntaní tʰrčunnér]
gado (m)	անասուն	[anasún]
rebanho (m), manada (f)	նախիր	[naχír]
estábulo (m)	ախոռ	[aχór]
chiqueiro (m)	խոզանոց	[χozanótsʰ]
estábulo (m)	գոմ	[gom]
coelheira (f)	ճագարանոց	[čagaranótsʰ]
galinheiro (m)	հավանոց	[havanótsʰ]

177. Cães. Raças de cães

cão (m)	շուն	[šun]
cão pastor (m)	հովվաշուն	[hovvašún]
poodle (m)	պուդել	[pudél]
linguicinha (m)	տաքսա	[tákʰsa]
buldogue (m)	բուլդոգ	[buldóg]
boxer (m)	բոքսյոր	[bokʰsjor]

mastim (m)	մաստիֆ	[mastíf]
rottweiler (m)	ռոտվեյլեր	[rotvéjler]
dóberman (m)	դոբերման	[dobermán]
basset (m)	բասսեթ	[básset^h]
pastor inglês (m)	բոբտեյլ	[bobtéjl]
dálmata (m)	դալմատինեց	[dalmatínets^h]
cocker spaniel (m)	կոկեր-սպանիել	[kokér spaniél]
terra-nova (m)	նյուֆաունդլենդ	[njufáundlend]
são-bernardo (m)	սենբեռնար	[senbernár]
husky (m) siberiano	խասկի	[χáski]
Chow-chow (m)	չաու-չաու	[čáu čáu]
spitz alemão (m)	շպից	[špits^h]
pug (m)	մոպս	[mops]

178. Sons produzidos pelos animais

latido (m)	հաչոց	[hačóts^h]
latir (vi)	հաչել	[hačél]
miar (vi)	մլավել	[mlavél]
ronronar (vi)	մլավոց	[mlavóts^h]
mugir (vaca)	բառաչել	[baračél]
bramir (touro)	մռնչալ	[mrnčal]
rosnar (vi)	գռմռալ	[grmral]
uivo (m)	ոռնոց	[vornóts^h]
uivar (vi)	ոռնալ	[vornál]
ganir (vi)	վնգստալ	[vngstal]
balir (vi)	մկկալ	[mkəkál]
grunhir (vi)	խռնչալ	[χrnčal]
guinchar (vi)	կաղկանձել	[kaġkandzél]
coaxar (sapo)	կռկռալ	[krkral]
zumbir (inseto)	բզզալ	[bzzal]
ziziar (vi)	ճռճռալ	[črčral]

179. Pássaros

pássaro (m), ave (f)	թռչուն	[t^{h}rčun]
pombo (m)	աղավնի	[aġavní]
pardal (m)	ճնճղուկ	[čnčġuk]
chapim-real (m)	երաշտահավ	[eraštaháv]
pega-rabuda (f)	կաչաղակ	[kačaġák]
corvo (m)	ագռավ	[agráv]
gralha-cinzenta (f)	ագռավ	[agráv]
gralha-de-nuca-cinzenta (f)	ճայակ	[čaják]
gralha-calva (f)	սերմնագռավ	[sermnagráv]

pato (m) բադ [bad]
ganso (m) սագ [sag]
faisão (m) փասիան [pʰasián]

águia (f) արծիվ [artsív]
açor (m) շահեն [šahén]
falcão (m) բազե [bazé]
abutre (m) անգղ [angġ]
condor (m) պասկուճ [paskúč]

cisne (m) կարապ [karáp]
grou (m) կռունկ [krunk]
cegonha (f) արագիլ [aragíl]
papagaio (m) թութակ [tʰutʰák]
beija-flor (m) կոլիբրի [kolíbri]
pavão (m) սիրամարգ [siramárg]

avestruz (m) ջայլամ [dʒajlám]
garça (f) ձկնկուլ [dzknkul]
flamingo (m) վարդաթևիկ [vardatʰevík]
pelicano (m) հավալուսն [havalúsn]

rouxinol (m) սոխակ [soχák]
andorinha (f) ծիծեռնակ [tsitsernák]
tordo-zornal (m) կեռնեխ [kernéχ]
tordo-músico (m) երգող կեռնեխ [ergóġ kernéχ]
melro-preto (m) սև կեռնեխ [sév kernéχ]

andorinhão (m) ջրածիծառ [dʒratsitsár]
cotovia (f) արտույտ [artújt]
codorna (f) լոր [lor]

pica-pau (m) փայտփորիկ [pʰajtpʰorík]
cuco (m) կկու [kəkú]
coruja (f) բու [bu]
bufo-real (m) բվեճ [bveč]
tetraz-grande (m) խլահավ [χlaháv]
tetraz-lira (m) ցախաքլոր [tsʰaχakʰlór]
perdiz-cinzenta (f) կաքավ [kakʰáv]

estorninho (m) սարյակ [sarják]
canário (m) դեղձանիկ [deġdzaník]
galinha-do-mato (f) աքար [akʰár]
tentilhão (m) սերինոս [serinós]
dom-fafe (m) խածկտիկ [χatsktík]

gaivota (f) ճայ [čaj]
albatroz (m) ալբատրոս [albatrós]
pinguim (m) պինգվին [pingvín]

180. Pássaros. Canto e sons

cantar (vi) դայլայլել [dajlajlél]
gritar, chamar (vi) կանչել [kančél]

cantar (o galo) ծուղրուղու կանչել [ʦuġruġú kančél]
cocorocó (m) ծուղրուղու [ʦuġruġú]

cacarejar (vi) կրթկրթալ [krtʰkrtʰal]
crocitar (vi) կռկռալ [krkral]
grasnar (vi) կռնչալ [krnčal]
piar (vi) ծվծվալ [ʦvʦval]
chilrear, gorjear (vi) ճռվողել [črvoġél]

181. Peixes. Animais marinhos

brema (f) բրամ [bram]
carpa (f) գետածածան [getaʦaʦán]
perca (f) պերկես [perkés]
siluro (m) լոքո [lokʰó]
lúcio (m) գայլաձուկ [gajlaʣúk]

salmão (m) սաղման [saġmán]
esturjão (m) թառափ [tʰarápʰ]

arenque (m) ծովատառեխ [ʦovataréχ]
salmão (m) do Atlântico սաղման ձուկ [saġmán ʣuk]

cavala, sarda (f) թյունիկ [tʰjuník]
solha (f), linguado (m) տափակաձուկ [tapʰakaʣúk]

lúcio perca (m) շիղաձուկ [šiġaʣúk]
bacalhau (m) ձողաձուկ [ʣoġaʣúk]

atum (m) թյուննոս [tʰjunnós]
truta (f) իշխան [išχán]

enguia (f) օձաձուկ [oʣaʣúk]
raia (f) elétrica էլեկտրավոր կատվաձուկ [ēlektravór katvaʣúk]

moreia (f) մուրենա [muréna]
piranha (f) պիրանյա [piránja]

tubarão (m) շնաձուկ [šnaʣúk]
golfinho (m) դելֆին [delfín]
baleia (f) կետ [ket]

caranguejo (m) ծովախեցգետին [ʦovaχeʦʰgetín]
água-viva (f) մեդուզա [medúza]
polvo (m) ութոտնուկ [utʰotnúk]

estrela-do-mar (f) ծովաստղ [ʦovástġ]
ouriço-do-mar (m) ծովոզնի [ʦovozní]
cavalo-marinho (m) ծովաձի [ʦovaʣí]

ostra (f) ոստրե [vostré]
camarão (m) մանր ծովախեցգետին [mánr ʦovaχeʦʰgetín]
lagosta (f) օմար [omár]
lagosta (f) լանգուստ [langúst]

182. Anfíbios. Répteis

cobra (f)	օձ	[odz]
venenoso (adj)	թունավոր	[tʰunavór]
víbora (f)	իժ	[iʒ]
naja (f)	կոբրա	[kóbra]
píton (m)	պիթոն	[pitʰón]
jiboia (f)	վիշապօձ	[višapódz]
cobra-de-água (f)	լորտու	[lortú]
cascavel (f)	խարամանի	[χaramaní]
anaconda (f)	անակոնդա	[anakónda]
lagarto (m)	մողես	[moġés]
iguana (f)	իգուանա	[iguána]
varano (m)	վարան	[varán]
salamandra (f)	սալամանդր	[salamándr]
camaleão (m)	քամելեոն	[kʰameleón]
escorpião (m)	կարիճ	[karíč]
tartaruga (f)	կրիա	[kriá]
rã (f)	գորտ	[gort]
sapo (m)	դոդոշ	[dodóš]
crocodilo (m)	կոկորդիլոս	[kokordilós]

183. Insetos

inseto (m)	միջատ	[midʒát]
borboleta (f)	թիթեռ	[tʰitʰér]
formiga (f)	մրջուն	[mrdʒun]
mosca (f)	ճանճ	[čanč]
mosquito (m)	մոծակ	[motsák]
escaravelho (m)	բզեզ	[bzez]
vespa (f)	իշամեղու	[išameġú]
abelha (f)	մեղու	[meġú]
mamangaba (f)	կրետ	[kret]
moscardo (m)	բոռ	[bor]
aranha (f)	սարդ	[sard]
teia (f) de aranha	սարդոստայն	[sardostájn]
libélula (f)	ճպուռ	[čpur]
gafanhoto (m)	մորեխ	[moréχ]
traça (f)	թիթեռնիկ	[tʰitʰerník]
barata (f)	ուտիճ	[utič]
carrapato (m)	տիզ	[tiz]
pulga (f)	լու	[lu]
borrachudo (m)	մլակ	[mlak]
gafanhoto (m)	մարախ	[maráχ]
caracol (m)	խխունջ	[χəχúndʒ]

grilo (m)	ծղրիդ	[tsġrid]
pirilampo, vaga-lume (m)	լուսատիտիկ	[lusatitík]
joaninha (f)	զատիկ	[zatík]
besouro (m)	մայիսյան բզեզ	[majisján bzez]
sanguessuga (f)	տզրուկ	[tzruk]
lagarta (f)	թրթուր	[tʰrtʰur]
minhoca (f)	որդ	[vord]
larva (f)	թրթուր	[tʰrtʰur]

184. Animais. Partes do corpo

bico (m)	կտուց	[ktutsʰ]
asas (f pl)	թևեր	[tʰevér]
pata (f)	տոտիկ	[totík]
plumagem (f)	փետրավորություն	[pʰetravorutʰjún]
pena, pluma (f)	փետուր	[pʰetúr]
crista (f)	փոմփոլ	[pʰompʰól]
brânquias, guelras (f pl)	խռիկներ	[χriknér]
ovas (f pl)	ձկնկիթ	[dzknkitʰ]
larva (f)	թրթուր	[tʰrtʰur]
barbatana (f)	լողաթև	[loġatʰév]
escama (f)	թեփուկ	[tʰepʰúk]
presa (f)	ժանիք	[ʒaníkʰ]
pata (f)	թաթ	[tʰatʰ]
focinho (m)	մռութ	[mrutʰ]
boca (f)	երախ	[eráχ]
cauda (f), rabo (m)	պոչ	[poč]
bigodes (m pl)	բեղեր	[beġér]
casco (m)	սմբակ	[smbak]
corno (m)	կոտոշ	[kotóš]
carapaça (f)	վահան	[vahán]
concha (f)	խեցեմորթ	[χetsʰemórtʰ]
casca (f) de ovo	կեղև	[keġév]
pelo (m)	բուրդ	[burd]
pele (f), couro (m)	մորթի	[mortʰí]

185. Animais. Habitats

hábitat (m)	միջավայր	[midʒavájr]
migração (f)	միգրացիա	[migrátsʰia]
montanha (f)	լեռ	[ler]
recife (m)	խութ	[χutʰ]
falésia (f)	ժայռ	[ʒajr]
floresta (f)	անտառ	[antár]
selva (f)	ջունգլի	[dʒunglí]

savana (f) սավաննա [savánna]
tundra (f) տունդրա [túndra]

estepe (f) տափաստան [tap^{h}astán]
deserto (m) անապատ [anapát]
oásis (m) օազիս [oázis]

mar (m) ծով [ʦov]
lago (m) լիճ [lič]
oceano (m) օվկիանոս [ovkianós]

pântano (m) ճահիճ [čahíč]
de água doce քաղցրահամ [k^{h}aġʦ^{h}rahám]
lagoa (f) լճակ [lčak]
rio (m) գետ [get]

toca (f) do urso որջ [vorʤ]
ninho (m) բույն [bujn]
buraco (m) de árvore փչակ [p^{h}čak]
toca (f) որջ [vorʤ]
formigueiro (m) մրջնաբույն [mrʤnabújn]

Flora

186. Árvores

árvore (f)	ծառ	[ʦar]
decídua (adj)	սաղարթավոր	[saġartʰavór]
conífera (adj)	փշատերև	[pʰšaterév]
perene (adj)	մշտադալար	[mštadalár]
macieira (f)	խնձորենի	[χnʣorení]
pereira (f)	տանձենի	[tanʣení]
cerejeira (f)	կեռասենի	[kerasení]
ginjeira (f)	բալենի	[balení]
ameixeira (f)	սալորենի	[salorení]
bétula (f)	կեչի	[kečí]
carvalho (m)	կաղնի	[kaġní]
tília (f)	լորի	[lorí]
choupo-tremedor (m)	կաղամախի	[kaġamaχí]
bordo (m)	թխկի	[tʰχki]
espruce (m)	եղևնի	[eġevní]
pinheiro (m)	սոճի	[sočí]
alerce, lariço (m)	կուենի	[kuení]
abeto (m)	բրգաձև սոճի	[brgaʣév sočí]
cedro (m)	մայրի	[majrí]
choupo, álamo (m)	բարդի	[bardí]
tramazeira (f)	սնձենի	[snʣení]
salgueiro (m)	ուռենի	[urení]
amieiro (m)	լաստենի	[lastení]
faia (f)	հաճարենի	[hačarení]
ulmeiro, olmo (m)	ծփի	[ʦpʰi]
freixo (m)	հացենի	[haʦʰení]
castanheiro (m)	շագանակենի	[šaganakení]
magnólia (f)	կղբի	[kġbi]
palmeira (f)	արմավենի	[armavení]
cipreste (m)	նոճի	[nočí]
mangue (m)	մանգրածառ	[mangraʦár]
embondeiro, baobá (m)	բաոբաբ	[baobáb]
eucalipto (m)	էվկալիպտ	[ēvkalípt]
sequoia (f)	սեկվոյա	[sekvója]

187. Arbustos

arbusto (m)	թուփ	[tʰupʰ]
arbusto (m), moita (f)	թփուտ	[tʰpʰut]

videira (f)	խաղող	[χaġóġ]
vinhedo (m)	խաղողի այգի	[χaġoġí ajgí]
framboeseira (f)	մորի	[morí]
groselheira-vermelha (f)	կարմիր հաղարջ	[karmír haġárdʒ]
groselheira (f) espinhosa	հաղարջ	[haġárdʒ]
acácia (f)	ակացիա	[akátsʰia]
bérberis (f)	ծորենի	[tsorení]
jasmim (m)	հասմիկ	[hasmík]
junípero (m)	գիհի	[gihí]
roseira (f)	վարդենի	[vardení]
roseira (f) brava	մասուր	[masúr]

188. Cogumelos

cogumelo (m)	սունկ	[sunk]
cogumelo (m) comestível	ուտելու սունկ	[utelú súnk]
cogumelo (m) venenoso	թունավոր սունկ	[tʰunavór sunk]
chapéu (m)	գլխարկ	[glχark]
pé, caule (m)	տոտիկ	[totík]
boleto, porcino (m)	սպիտակ սունկ	[spiták súnk]
boleto (m) alaranjado	կարմրագլուխ սունկ	[karmraglúχ súnk]
boleto (m) de bétula	ժանտասունկ	[ʒantasúnk]
cantarelo (m)	ձվասունկ	[dzvasúnk]
rússula (f)	դառնամատիտեղ	[darnamatitéġ]
morchella (f)	մորխ	[morχ]
agário-das-moscas (m)	ճանճասպան	[čančaspán]
cicuta (f) verde	թունավոր սունկ	[tʰunavór sunk]

189. Frutos. Bagas

maçã (f)	խնձոր	[χndzor]
pera (f)	տանձ	[tandz]
ameixa (f)	սալոր	[salór]
morango (m)	ելակ	[elák]
ginja (f)	բալ	[bal]
cereja (f)	կեռաս	[kerás]
uva (f)	խաղող	[χaġóġ]
framboesa (f)	մորի	[morí]
groselha (f) negra	սև հաղարջ	[sév haġárdʒ]
groselha (f) vermelha	կարմիր հաղարջ	[karmír haġárdʒ]
groselha (f) espinhosa	հաղարջ	[haġárdʒ]
oxicoco (m)	լոռամրգի	[loramrgí]
laranja (f)	նարինջ	[naríndʒ]
tangerina (f)	մանդարին	[mandarín]

abacaxi (m)	արքայախնձոր	[arkʰajaχnʣór]
banana (f)	բանան	[banán]
tâmara (f)	արմավ	[armáv]
limão (m)	կիտրոն	[kitrón]
damasco (m)	ծիրան	[ʦirán]
pêssego (m)	դեղձ	[deġʣ]
quiuí (m)	կիվի	[kívi]
toranja (f)	գրեյպֆրուտ	[grejpfrút]
baga (f)	հատապտուղ	[hataptúġ]
bagas (f pl)	հատապտուղներ	[hataptuġnér]
arando (m) vermelho	հապալաս	[hapalás]
morango-silvestre (m)	վայրի ելակ	[vajrí elák]
mirtilo (m)	հապալաս	[hapalás]

190. Flores. Plantas

flor (f)	ծաղիկ	[ʦaġík]
buquê (m) de flores	ծաղկեփունջ	[ʦaġkepʰúnʤ]
rosa (f)	վարդ	[vard]
tulipa (f)	վարդակակաչ	[vardakakáč]
cravo (m)	մեխակ	[meχák]
gladíolo (m)	թրաշուշան	[tʰrašušán]
centáurea (f)	կապույտ տերեփուկ	[kapújt terepʰúk]
campainha (f)	զանգակ	[zangák]
dente-de-leão (m)	կաթնուկ	[katʰnúk]
camomila (f)	երիցուկ	[eriʦʰúk]
aloé (m)	ալոե	[alóe]
cacto (m)	կակտուս	[káktus]
fícus (m)	ֆիկուս	[fíkus]
lírio (m)	շուշան	[šušán]
gerânio (m)	խորդենի	[χordení]
jacinto (m)	հակինթ	[hakíntʰ]
mimosa (f)	պատկարուկ	[patkarúk]
narciso (m)	նարգիզ	[nargíz]
capuchinha (f)	ջրկոտեմ	[ʤrkotém]
orquídea (f)	խոլորձ	[χolórʣ]
peônia (f)	քաջվարդ	[kʰaʤvárd]
violeta (f)	մանուշակ	[manušák]
amor-perfeito (m)	եռագույն մանուշակ	[eragújn manušák]
não-me-esqueças (m)	անմոռուկ	[anmorúk]
margarida (f)	մարգարտածաղիկ	[margartaʦaġík]
papoula (f)	կակաչ	[kakáč]
cânhamo (m)	կանեփ	[kanépʰ]
hortelã, menta (f)	անանուխ	[ananúχ]

lírio-do-vale (m)	հովտաշուշան	[hovtašušán]
campânula-branca (f)	ձնծաղիկ	[dzntsaġík]
urtiga (f)	եղինջ	[eġíndʒ]
azedinha (f)	թրթնջուկ	[tʰrtʰndʒuk]
nenúfar (m)	ջրաշուշան	[dʒrašušán]
samambaia (f)	ձարխոտ	[dzarχót]
líquen (m)	քարաքոս	[kʰarakʰós]
estufa (f)	ջերմոց	[dʒermótsʰ]
gramado (m)	գազոն	[gazón]
canteiro (m) de flores	ծաղկաթումբ	[tsaġkatʰúmb]
planta (f)	բույս	[bujs]
grama (f)	խոտ	[χot]
folha (f) de grama	խոտիկ	[χotík]
folha (f)	տերև	[terév]
pétala (f)	թերթիկ	[tʰertʰík]
talo (m)	ցողուն	[tsʰoġún]
tubérculo (m)	պալար	[palár]
broto, rebento (m)	ծիլ	[tsil]
espinho (m)	փուշ	[pʰuš]
florescer (vi)	ծաղկել	[tsaġkél]
murchar (vi)	թոշնել	[tʰršnel]
cheiro (m)	բուրմունք	[burmúnkʰ]
cortar (flores)	կտրել	[ktrel]
colher (uma flor)	պոկել	[pokél]

191. Cereais, grãos

grão (m)	հացահատիկ	[hatsʰahatík]
cereais (plantas)	հացահատիկային բույսեր	[hatsʰahatikajín bujsér]
espiga (f)	հասկ	[hask]
trigo (m)	ցորեն	[tsʰorén]
centeio (m)	տարեկան	[tarekán]
aveia (f)	վարսակ	[varsák]
painço (m)	կորեկ	[korék]
cevada (f)	գարի	[garí]
milho (m)	եգիպտացորեն	[egiptatsʰorén]
arroz (m)	բրինձ	[brindz]
trigo-sarraceno (m)	հնդկացորեն	[hndkatsʰorén]
ervilha (f)	սիսեռ	[sisér]
feijão (m) roxo	լոբի	[lobí]
soja (f)	սոյա	[sojá]
lentilha (f)	ոսպ	[vosp]
feijão (m)	լոբազգիներ	[lobazginér]

GEOGRAFIA REGIONAL

Países. Nacionalidades

192. Política. Governo. Parte 1

política (f)	քաղաքականություն	[kʰaġakakanutʰjún]
político (adj)	քաղաքական	[kʰaġakʰakán]
político (m)	քաղաքական գործիչ	[kʰaġakʰakán gorʦíč]
estado (m)	պետություն	[petutʰjún]
cidadão (m)	քաղաքացի	[kʰaġakaʦʰí]
cidadania (f)	քաղաքացիություն	[kʰaġakaʦʰiutʰjún]
brasão (m) de armas	ազգային զինանշան	[azgajín zinanšán]
hino (m) nacional	պետական օրհներգ	[petakán orhnérg]
governo (m)	ղեկավարություն	[ġekavarutʰjún]
Chefe (m) de Estado	երկրի ղեկավար	[erkrí ġekavár]
parlamento (m)	խորհրդարան	[χorhrdarán]
partido (m)	կուսակցություն	[kusakʦʰutʰjún]
capitalismo (m)	կապիտալիզմ	[kapitalízm]
capitalista (adj)	կապիտալիստական	[kapitalistakán]
socialismo (m)	սոցիալիզմ	[soʦʰialízm]
socialista (adj)	սոցիալիստական	[soʦʰialistakán]
comunismo (m)	կոմունիզմ	[komunízm]
comunista (adj)	կոմունիստական	[komunistakán]
comunista (m)	կոմունիստ	[komuníst]
democracia (f)	ժողովրդավարություն	[ʒoġovrdavarutʰjún]
democrata (m)	դեմոկրատ	[demokrát]
democrático (adj)	ժողովրդավարական	[ʒoġovrdavarakán]
Partido (m) Democrático	ժողովրդավարական կուսակցություն	[ʒoġovrdavarakán kusakʦʰutʰjún]
liberal (m)	լիբերալ	[liberál]
liberal (adj)	լիբերալ	[liberál]
conservador (m)	պահպանողական	[pahpanoġakán]
conservador (adj)	պահպանողական	[pahpanoġakán]
república (f)	հանրապետություն	[hanrapetutʰjún]
republicano (m)	հանրապետական	[hanrapetakán]
Partido (m) Republicano	հանրապետական կուսակցություն	[hanrapetakán kusakʦʰutʰjún]
eleições (f pl)	ընտրություններ	[əntrutʰjunnér]

eleger (vt) | ընտրել | [əntrél]
eleitor (m) | ընտրող | [əntróġ]
campanha (f) eleitoral | ընտրարշավ | [əntraršáv]

votação (f) | քվեարկություն | [kʰvearkutʰjún]
votar (vi) | քվեարկել | [kʰvearkél]
sufrágio (m) | քվեարկության իրավունք | [kvearkutʰján iravúnkʰ]

candidato (m) | թեկնածու | [tʰeknatsú]
candidatar-se (vi) | թեկնածությունը դնել քվեարկության | [tʰeknatsutʰjunə dnél kʰvearkutʰján]
campanha (f) | արշավ | [aršáv]

da oposição | ընդդիմական | [ənddimakán]
oposição (f) | ընդդիմություն | [ənddimutʰjún]

visita (f) | այց | [ajtsʰ]
visita (f) oficial | պաշտոնական այց | [paštonakán ajtsʰ]
internacional (adj) | միջազգային | [midʒazgajín]

negociações (f pl) | բանակցություններ | [banaktsʰutʰjunnér]
negociar (vi) | բանակցություններ վարել | [banaktsʰutʰjunnér varél]

193. Política. Governo. Parte 2

sociedade (f) | հասարակություն | [hasarakutʰjún]
constituição (f) | սահմանադրություն | [sahmanadrutʰjún]
poder (ir para o ~) | իշխանություն | [išχanutʰjún]
corrupção (f) | կոռուպցիա | [korúptsʰia]

lei (f) | օրենք | [orénkʰ]
legal (adj) | օրինական | [orinakán]

justeza (f) | արդարություն | [ardarutʰjún]
justo (adj) | արդար | [ardár]

comitê (m) | կոմիտե | [komité]
projeto-lei (m) | օրինագիծ | [orinagíts]
orçamento (m) | բյուջե | [bjudʒé]
política (f) | քաղաքականություն | [kʰaġakakanutʰjún]
reforma (f) | բարեփոխում | [barepʰoχúm]
radical (adj) | արմատական | [armatakán]

força (f) | հզորություն | [hzorutʰjún]
poderoso (adj) | հզոր | [hzor]
partidário (m) | կողմնակից | [koġmnakítsʰ]
influência (f) | ազդեցություն | [azdetsʰutʰjún]

regime (m) | ռեժիմ | [reʒím]
conflito (m) | ընդհարում | [əndharúm]
conspiração (f) | դավադրություն | [davadrutʰjún]
provocação (f) | պրովոկացիա | [provokátsʰia]
derrubar (vt) | տապալել | [tapalél]
derrube (m), queda (f) | տապալում | [tapalúm]

revolução (f)	հեղափոխություն	[heġapʰoχutʰjún]
golpe (m) de Estado	հեղաշրջում	[heġašrdʒúm]
golpe (m) militar	ռազմական հեղաշրջում	[razmakán heġašrdʒúm]
crise (f)	ճգնաժամ	[čgnaʒám]
recessão (f) econômica	տնտեսական անկում	[tntesakán ankúm]
manifestante (m)	ցուցարար	[tsʰutsʰarár]
manifestação (f)	ցույց	[tsʰujtsʰ]
lei (f) marcial	ռազմական դրություն	[razmakán drutʰjún]
base (f) militar	բազա	[báza]
estabilidade (f)	կայունություն	[kajunutʰjún]
estável (adj)	կայուն	[kajún]
exploração (f)	շահագործում	[šahagortsúm]
explorar (vt)	շահագործել	[šahagortsél]
racismo (m)	ռասիզմ	[rasízm]
racista (m)	ռասիստ	[rasíst]
fascismo (m)	ֆաշիզմ	[fašízm]
fascista (m)	ֆաշիստ	[fašíst]

194. Países. Diversos

estrangeiro (m)	օտարերկրացի	[otarjerkartsʰí]
estrangeiro (adj)	օտարերկրյա	[otarerkrjá]
no estrangeiro	արտասահմանում	[artasahmanúm]
emigrante (m)	էմիգրանտ	[ēmigránt]
emigração (f)	արտագաղթ	[artagáġtʰ]
emigrar (vi)	արտագաղթել	[artagaġtʰél]
Ocidente (m)	Արևմուտք	[arevmútkʰ]
Oriente (m)	Արևելք	[arevélkʰ]
Extremo Oriente (m)	Հեռավոր Արևելք	[heravór arevélkʰ]
civilização (f)	քաղաքակրթություն	[kʰaġakakanutʰjún]
humanidade (f)	մարդկություն	[mardkutʰjún]
mundo (m)	աշխարհ	[ašχárh]
paz (f)	խաղաղություն	[χaġaġutʰjún]
mundial (adj)	համաշխարհային	[hamašχarhajín]
pátria (f)	հայրենիք	[hajreníkʰ]
povo (população)	ժողովուրդ	[ʒoġovúrd]
população (f)	բնակչություն	[bnakčutʰjún]
gente (f)	մարդիկ	[mardík]
nação (f)	ազգ	[azg]
geração (f)	սերունդ	[serúnd]
território (m)	տարածք	[tarátskʰ]
região (f)	շրջան	[šrdʒan]
estado (m)	նահանգ	[naháng]
tradição (f)	ավանդույթ	[avandújtʰ]
costume (m)	սովորույթ	[sovorújtʰ]

ecologia (f)	բնապահպանություն	[bnapahpanutʰjún]
índio (m)	հնդիկ	[hndík]
cigano (m)	գնչու	[gnču]
cigana (f)	գնչուհի	[gnčuhí]
cigano (adj)	գնչուական	[gnčuakán]
império (m)	կայսրություն	[kajsrutʰjún]
colônia (f)	գաղութ	[gaġútʰ]
escravidão (f)	ստրկություն	[strkutʰjún]
invasão (f)	արշավանք	[aršavánkʰ]
fome (f)	սով	[sov]

195. Grupos religiosos mais importantes. Confissões

religião (f)	կրոն	[kron]
religioso (adj)	կրոնական	[kronakán]
crença (f)	հավատք	[havátkʰ]
crer (vt)	հավատալ	[havatál]
crente (m)	հավատացյալ	[havatatsʰjál]
ateísmo (m)	աթեիզմ	[atʰeízm]
ateu (m)	աթեիստ	[atʰeíst]
cristianismo (m)	քրիստոնեություն	[kʰristoneutʰjún]
cristão (m)	քրիստոնյա	[kʰristonjá]
cristão (adj)	քրիստոնեական	[kʰristoneakán]
catolicismo (m)	Կաթոլիկություն	[katʰolikutʰjún]
católico (m)	կաթոլիկ	[katʰolík]
católico (adj)	կաթոլիկական	[katʰolikakán]
protestantismo (m)	Բողոքականություն	[boġokʰakanutʰjún]
Igreja (f) Protestante	Բողոքական եկեղեցի	[boġokʰakán ekeġetsʰí]
protestante (m)	բողոքական	[boġokʰakán]
ortodoxia (f)	Ուղղափառություն	[uġġapʰarutʰjún]
Igreja (f) Ortodoxa	Ուղղափառ եկեղեցի	[uġġapʰár ekeġetsʰí]
ortodoxo (m)	ուղղափառ	[uġġapʰár]
presbiterianismo (m)	Պրեսբիտերականություն	[presbiterakanutʰjún]
Igreja (f) Presbiteriana	Պրեսբիտերական եկեղեցի	[presbiterakán ekeġetsʰí]
presbiteriano (m)	պրեսբիտեր	[presbitér]
luteranismo (m)	Լյութերական եկեղեցի	[ljutʰerakán ekeġetsʰí]
luterano (m)	լյութերական	[ljutʰerakán]
Igreja (f) Batista	Բապտիզմ	[baptízm]
batista (m)	բապտիստ	[baptíst]
Igreja (f) Anglicana	Անգլիական եկեղեցի	[angliakán ekeġetsʰí]
anglicano (m)	անգլիկանեցի	[angliakanatsʰi]
mormonismo (m)	Մորմոնական կրոն	[mormonakán krón]
mórmon (m)	մորմոն	[mormón]

Judaísmo (m)	Հուդայականություն	[hudajakanutʰjún]
judeu (m)	հուդայական	[hudajakán]
budismo (m)	Բուդդայականություն	[buddajakanutʰjún]
budista (m)	բուդդայական	[buddajakán]
hinduísmo (m)	Հինդուիզմ	[hinduhízm]
hindu (m)	հինդուիստ	[hinduhíst]
Islã (m)	Մահմեդականություն	[mahmedakanutʰjún]
muçulmano (m)	մուսուլման	[musulmán]
muçulmano (adj)	մուսուլմանական	[musulmanakán]
xiismo (m)	Շիա	[šía]
xiita (m)	շիա	[šía]
sunismo (m)	Սուննի	[súnni]
sunita (m)	սուննիտ	[súnnit]

196. Religiões. Padres

padre (m)	հոգևորական	[hogevorakán]
Papa (m)	Հռոմի պապ	[hromí páp]
monge (m)	վանական	[vanakán]
freira (f)	միանձնուհի	[miandʣnuhí]
pastor (m)	պաստոր	[pástor]
abade (m)	աբբատ	[abbát]
vigário (m)	քահանա	[kʰahaná]
bispo (m)	եպիսկոպոս	[episkopós]
cardeal (m)	կարդինալ	[kardinál]
pregador (m)	քարոզիչ	[kʰarozíč]
sermão (m)	քարոզ	[kʰaróz]
paroquianos (pl)	ծխականներ	[ʦχakannér]
crente (m)	հավատացյալ	[havataʦʰjál]
ateu (m)	աթեիստ	[atʰeíst]

197. Fé. Cristianismo. Islão

Adão	Ադամ	[adám]
Eva	Եվա	[éva]
Deus (m)	Աստված	[astváʦ]
Senhor (m)	Տեր	[ter]
Todo Poderoso (m)	Ամենազոր	[amenazór]
pecado (m)	մեղք	[meġkʰ]
pecar (vi)	մեղք գործել	[meġkʰ gorʦél]
pecador (m)	մեղսագործ	[meġsagórʦ]

pecadora (f)	մեղսագործ	[meġsagórts]
inferno (m)	դժոխք	[dʒoχkʰ]
paraíso (m)	դրախտ	[draχt]
Jesus	Հիսուս	[hisús]
Jesus Cristo	Հիսուս Քրիստոս	[hisús kʰristós]
Espírito (m) Santo	Սուրբ Հոգի	[surb hogí]
Salvador (m)	Փրկիչ	[pʰrkič]
Virgem Maria (f)	Աստվածածին	[astvatsatsín]
Diabo (m)	Սատանա	[sataná]
diabólico (adj)	սատանայական	[satanajakán]
Satanás (m)	Սատանա	[sataná]
satânico (adj)	սատանայական	[satanajakán]
anjo (m)	հրեշտակ	[hrešták]
anjo (m) da guarda	պահապան հրեշտակ	[pahapán hrešták]
angelical	հրեշտակային	[hreštakajín]
apóstolo (m)	առաքյալ	[arakʰjál]
arcanjo (m)	հրեշտակապետ	[hreštakapét]
anticristo (m)	հակաքրիստոս	[hakakʰristós]
Igreja (f)	եկեղեցի	[ekeġetsʰí]
Bíblia (f)	աստվածաշունչ	[astvatsašúnč]
bíblico (adj)	աստվածաշնչական	[astvatsašnčakán]
Velho Testamento (m)	Հին Կտակարան	[hin ktakarán]
Novo Testamento (m)	Նոր Կտակարան	[nor ktakarán]
Evangelho (m)	Ավետարան	[avetarán]
Sagradas Escrituras (f pl)	Սուրբ Գիրք	[surb girkʰ]
Céu (sete céus)	Երկնային թագավորություն	[erknajín tʰagavorutʰjún]
mandamento (m)	պատվիրան	[patvirán]
profeta (m)	մարգարե	[margaré]
profecia (f)	մարգարեություն	[margareutʰjún]
Alá (m)	Ալլահ	[alláh]
Maomé (m)	Մուհամեդ	[muhaméd]
Alcorão (m)	Ղուրան	[ġurán]
mesquita (f)	մզկիթ	[mzkitʰ]
mulá (m)	մոլլա	[mollá]
oração (f)	աղոթք	[aġótʰkʰ]
rezar, orar (vi)	աղոթել	[aġotʰél]
peregrinação (f)	ուխտագնացություն	[uχtagnatsʰutʰjún]
peregrino (m)	ուխտագնաց	[uχtagnátsʰ]
Meca (f)	Մեքքա	[mékʰkʰa]
igreja (f)	եկեղեցի	[ekeġetsʰí]
templo (m)	տաճար	[tačár]
catedral (f)	տաճար	[tačár]
gótico (adj)	գոթական	[gotʰakán]
sinagoga (f)	սինագոգ	[sinagóg]

mesquita (f)	մզկիթ	[mzkitʰ]
capela (f)	մատուռ	[matúr]
abadia (f)	աբբայություն	[abbajutʰjún]
convento (m)	վանք	[vankʰ]
monastério (m)	վանք	[vankʰ]
sino (m)	զանգ	[zang]
campanário (m)	զանգակատուն	[zangakatún]
repicar (vi)	զանգել	[zangél]
cruz (f)	խաչ	[χač]
cúpula (f)	գմբեթ	[gmbetʰ]
ícone (m)	սրբապատկեր	[srbapatkér]
alma (f)	հոգի	[hogí]
destino (m)	ճակատագիր	[čakatagír]
mal (m)	չարիք	[čaríkʰ]
bem (m)	բարություն	[barutʰjún]
vampiro (m)	սատակ	[saták]
bruxa (f)	կախարդ	[kaχárd]
demônio (m)	դև	[dev]
espírito (m)	հոգի	[hogí]
redenção (f)	քավություն	[kʰavutʰjún]
redimir (vt)	քավել	[kʰavél]
missa (f)	արարողություն	[araroġutʰjún]
celebrar a missa	մատուցել	[matuʦʰél]
confissão (f)	խոստովանություն	[χostovanutʰjún]
confessar-se (vr)	խոստովանել	[χostovanél]
santo (m)	սուրբ	[surb]
sagrado (adj)	սուրբ	[surb]
água (f) benta	սուրբ ջուր	[surb ʤur]
ritual (m)	արարողություն	[araroġutʰjún]
ritual (adj)	արարողական	[araroġakán]
sacrifício (m)	զոհաբերություն	[zohaberutʰjún]
superstição (f)	սնապաշտություն	[snapaštutʰjún]
supersticioso (adj)	սնապաշտ	[snapášt]
vida (f) após a morte	հանդերձյալ կյանք	[handerʣjál kjankʰ]
vida (f) eterna	հավերժ կյանք	[havérʒ kjánkʰ]

TEMAS DIVERSOS

198. Várias palavras úteis

ajuda (f)	օգնություն	[ognutʰjún]
barreira (f)	արգելք	[argélkʰ]
base (f)	հիմք	[himkʰ]
categoria (f)	տեսակ	[tesák]
causa (f)	պատճառ	[patčár]
coincidência (f)	համընկնում	[hamənknúm]
coisa (f)	իր	[ir]
começo, início (m)	սկիզբ	[skizb]
cômodo (ex. poltrona ~a)	հարմար	[hamár]
comparação (f)	համեմատություն	[hamematutʰjún]
compensação (f)	փոխհատուցում	[pʰoχhatutsʰúm]
crescimento (m)	աճ	[ač]
desenvolvimento (m)	զարգացում	[zargatsʰúm]
diferença (f)	տարբերություն	[tarberutʰjún]
efeito (m)	արդյունք	[ardjúnkʰ]
elemento (m)	տարր	[tarr]
equilíbrio (m)	հավասարակշռություն	[havasarakšrutʰjún]
erro (m)	սխալմունք	[sχalmúnkʰ]
esforço (m)	ջանք	[ʤankʰ]
estilo (m)	ոճ	[voč]
exemplo (m)	օրինակ	[orinák]
fato (m)	փաստ	[pʰast]
fim (m)	վերջ	[verʤ]
forma (f)	տեսք	[teskʰ]
frequente (adj)	խիտ	[χit]
fundo (ex. ~ verde)	ֆոն	[fon]
gênero (tipo)	ձև	[ʣev]
grau (m)	աստիճան	[astičán]
ideal (m)	իդեալ	[ideál]
labirinto (m)	լաբիրինթոս	[labirintʰós]
modo (m)	միջոց	[miʤótsʰ]
momento (m)	պահ	[pah]
objeto (m)	առարկա	[ararká]
obstáculo (m)	խոչընդոտ	[χočəndót]
original (m)	բնօրինակ	[bnorinák]
padrão (adj)	ստանդարտային	[standartajín]
padrão (m)	ստանդարտ	[standárt]
paragem (pausa)	ընդմիջում	[əndmiʤúm]
parte (f)	մաս	[mas]

partícula (f)	մասնիկ	[masník]
pausa (f)	դադար	[dadár]
posição (f)	դիրք	[dirkʰ]
princípio (m)	սկզբունք	[skzbúnkʰ]
problema (m)	խնդիր	[χndir]
processo (m)	ընթացք	[əntʰátsʰkʰ]
progresso (m)	առաջադիմություն	[aradʒadimutʰjún]
propriedade (qualidade)	հատկություն	[hatkutʰjún]
reação (f)	ռեակցիա	[reáktsʰia]
risco (m)	ռիսկ	[risk]
ritmo (m)	տեմպ	[temp]
segredo (m)	գաղտնիք	[gaġtníkʰ]
série (f)	շարք	[šarkʰ]
sistema (m)	համակարգ	[hamakárg]
situação (f)	իրադրություն	[iradrutʰjún]
solução (f)	լուծում	[lutsúm]
tabela (f)	աղյուսակ	[aġjusák]
termo (ex. ~ técnico)	տերմին	[termín]
tipo (m)	տիպ	[tip]
urgente (adj)	շտապ	[štap]
urgentemente	շտապ	[štap]
utilidade (f)	օգուտ	[ogút]
variante (f)	տարբերակ	[tarberák]
variedade (f)	ընտրություն	[əntrutʰjún]
verdade (f)	ճշմարտություն	[čšmartutʰjún]
vez (f)	հերթականություն	[hertʰakanutʰjún]
zona (f)	հատված	[hatváts]

www.ingramcontent.com/pod-product-compliance
Lightning Source LLC
Chambersburg PA
CBHW071342090426
42738CB00012B/2975

9781787673168